Maria Elisabeth

Seelenbewußtsein

Maria Elisabeth

Seelenbewußtsein

Mit der T.S.J. Methode erleben Sie ein Feuerwerk der Erkenntnis und erschließen sich das Hellsehen & Jenseitskontakte

Artha

ISBN 978-3-89575-147-9
1. Auflage

D 87466 Oy-Mittelberg

Die Ratschläge in diesem Buch sind von der Autorin und vom Verlag sorgfältig erwogen und geprüft, dennoch kann eine Garantie nicht übernommen werden. Eine Haftung der Autorin bzw. des Verlags und seiner Beauftragten für Personen, Sach- und Vermögensschäden ist ausgeschlossen.

Umschlag und Gestaltung: Günter Dobiasch

Layout: Rolf Mihm
Internet Verlag: www.artha.de
Druck: freiburger graphische betriebe, 79108 Freiburg

Widmung

Dieses Buch ist für all diejenigen Menschen geschrieben, denen die bisherigen Antworten auf ihre Lebensfragen nicht genügen.

Danksagung

Lieber Leser,

dieses Buch entstand aufgrund wiederholter Nachfragen und Wünsche von Teilnehmern unserer Seminare. Ihnen und der Hartnäckigkeit meines Partners Günter verdanken Sie es, daß dieses Feuerwerk der Erkenntnisse jetzt auf Sie niederprasselt. Vielen Dank, lieber Günter, für Deine Beharrlichkeit und Deine wertvollen Beiträge zum Manuskript. Dank gebührt auch allen Teilnehmern für ihre Anregungen und den Stoff, aus dem diese Erkenntnisse erst entstehen konnten. Besonderen Dank auch an Christine und Marc sowie allen, die an der Verwirklichung dieses Buches mitgeholfen haben. Ohne meinen Partner Günter und seine manchmal listige, immer aber liebevolle Vorgehensweise, mich auf meinem Weg zu begleiten und zu fördern, hätte ich niemals den Mut gehabt zu tun, was ich jetzt tue.

Inhaltsverzeichnis

Eine Reise erwartet Sie...

Wer Glück will, muß erwerben, was ihm kein Schicksalsschlag entreißen kann. - Aurelius Augustinus (354 - 430)

Wie auch immer Sie zu diesem Buch gekommen sind oder das Buch zu Ihnen: Wahrscheinlich wollen Sie sich innerlich weiterentwickeln. Vielleicht sind Sie an Grenzen in Ihrem Leben gestoßen, die Sie selbst nicht überwinden konnten. Oder Ihnen begegnen wieder und wieder ähnliche Schwierigkeiten. Vielleicht treffen sie auch häufig auf Menschen, die Ihnen das Leben schwer zu machen scheinen. Irgendwann war es Ihnen jedenfalls genug oder es wurde zu schmerzhaft und Sie entschlossen sich, etwas zu verändern, sich zu verändern oder wenigstens zu lernen sich besser zu verstehen. Willkommen an Bord!

Bei der Arbeit mit Maria Elisabeth erfährt man die Punkte, an denen die Ursachen dieser Gefühle spürbar werden. In der Regel stammen diese Ursachen aus der Zeit des Heranwachsens, so wie Sie es in den markierten sehr persönlichen Zwischentexten nacherleben können. Sie können aber auch aus früheren Leben stammen. Das Besondere an der Arbeit von Maria Elisabeth ist allerdings, daß sie es ermöglicht, diese sehr individuellen Ursachen aufzuspüren und aufzulösen.

Alle Menschen haben bei ihrer Geburt eine natürliche mediale Begabung. Diese verliert sich jedoch in der Regel ab dem dritten Lebensjahr wieder.

Das Transmediale Seher Institut - T.S.I. e.V. hat es sich zur Aufgabe gemacht, diese natürliche mediale Begabung den Menschen wieder zugänglich zu machen. Dazu bietet es Einzelsitzungen, Seminare, Ausbildungen, Workshops und Vorträge an. Das Medium Maria Elisabeth führt in Einzelsitzungen hellsichtige Beratungen durch. Auch der Kontakt zu verstorbenen Angehörigen wird durch das Medium ermöglicht.

In den Seminaren wird die natürliche Medialität wieder ans Tageslicht gebracht und steht dann jedem Teilnehmer erneut zur Verfügung.

Man kann beispielsweise die Hellsichtigkeit wieder nutzen und auch Kontakte zu Verstorbenen herstellen, Energiearbeit in seinem Körper betreiben und vieles mehr.

Jeder Teilnehmer bestimmt selbst, ob er seine Medialität anwenden möchte. Die ursprüngliche Hellsichtigkeit dient nicht dazu, ständig alles in seiner eigenen Umgebung wahrzunehmen, was einem sonst verborgen bleibt, sondern sie steht dann zur Verfügung, wenn man sie abruft.

In den Seminaren lernen die Teilnehmer sich ihr Seelenbewußtsein zu erschließen und finden somit Zugang zur neutralen Wahrnehmung für sich selbst und andere. Damit ist die Hellsichtigkeit gegeben und auch die Jenseitskontakte sind wieder möglich. Denn sowohl der Lebende als auch der Verstorbene hat ein Seelenbewußtsein, das nach dem Tod kontaktierbar ist. Alles, was erlernt werden muß, ist die eigene Seele und ihre Sprache wieder zu verstehen. Das Seelenbewußtsein hilft auch dabei, wieder Meister seines eigenen Lebens zu werden. Durch die herausragende Medialität von Maria Elisabeth begleitet sie die Seminarteilnehmer durch ihre innere Erlebniswelt. Sie sieht, was die Teilnehmer sehen, sie kann spüren, was die Teilnehmer fühlen, und erkennt, was den Teilnehmern zum Zeitpunkt der Schlüsselerlebnisse verborgen geblieben ist. Durch ihr Sehen ist sie in der Lage die Teilnehmer so zu führen, daß diese die Essenz in ihren Erlebnissen ebenfalls wahrnehmen können. Dadurch wird eine Auflösung und Aufarbeitung der Problematik erst möglich gemacht.

Tatsächlich kann sich hierdurch natürlich ihr gesamtes Leben verändern. Alles gerät wieder in Fluß und es entstehen wirklich neue Perspektiven, die es Ihnen ermöglichen anders zu handeln als vorher. Um jedoch einen klaren und unverstellten Blick auf die eigenen Schwierigkeiten zu bekommen, ist einige Vorbereitung nötig. Danach können die ursächlichen Probleme gelöst werden. Durch die Übungen ist es möglich daß später auftretende Hindernisse auch von jedem selbst bearbeitet werden. Das ist letztlich das Ziel der Arbeit in den Seminaren.

Der Ursprung dieses Buches liegt in den vielen Anfragen nach einem Buch zu den Seminaren und Workshops von Maria Elisabeth. Seminarteilnehmer wollen ihr hierbei Erlerntes vertiefen und auch anderen etwas von den eigenen beeindruckenden Erfahrungen mitgeben. Die in diesem Buch angebotenen Erklärungen, Beispiele und tatsächlichen Erlebnisse aus den Seminaren ermöglichen Ihnen den ersten Schritt zu tun auf dieser Reise zu sich selbst. Wir wünschen entdeckungsreiche Erlebnisse und Erkenntnisse!

Die Seminare

In den Grundseminaren I-III werden verschiedene Themenbereiche bearbeitet. Das erste Seminar dient der Reinigung der Chakren, das nächste der Reinigung der Auraschichten und das dritte der Reinigung der Organe und inneren Energiebahnen. Nach Beendigung dieser drei Seminare ist jeder Teilnehmer in der Lage, eigene Blockaden zu erkennen und selbständig zu lösen. Als Belohnung für seine Ehrlichkeit zu sich selbst und sozusagen als Nebenprodukt dieser Arbeit steht ihm dann auch seine Hellsichtigkeit zur Verfügung, die er nutzen kann, aber nicht nutzen muß. Wer möchte, kann auch zum Abschluß des dritten Seminars lernen, Jenseitskontakte durchzuführen.

Das Seminar I ist der Ort, an dem die Arbeit an den Blockaden und die Reinigung der Chakren stattfindet. In kleinen Gruppen mit bis zu sieben Teilnehmern finden sich dort Menschen zusammen, um für sich eine neue Klarheit zu erreichen und sich von alten Störungen zu befreien.

Wie laufen diese Seminare ab?

Beginnend am Montagmorgen werden sie von Maria-Elisabeth und ihrem Partner Günter freundlich begrüßt. Ein Teilnehmer nach dem anderen trifft ein und man stellt sich gegenseitig vor. Jeder hat sich schon Gedanken gemacht, was ihn wohl erwartet und ob sein Thema hier gelöst werden kann. Bis zum Freitag wird die neue Gruppe dann zusammen arbeiten.

Die Teilnehmer sitzen auf Stühlen nebeneinander, wobei Maria-Elisabeth ihnen gegenüber Platz nimmt. Da sich die Chakren nach vorne öffnen, ist das die beste Position, um die Energie jedes Einzelnen mitspüren zu können. In einer kurzen Vorstellungsrunde erzählt jeder, was ihn zum Seminar geführt hat und was er sich als Veränderung für sein Leben wünscht. Um diese Arbeit durchführen zu können, benötigen wir den Alpha-Zustand. Dies ist ein Zustand intensiver Entspannung, der nicht ganz so tief ist wie die Hypnose, aber das Entstehen innerer Bilder zuläßt. Im Gegensatz zur Hypnose befindet man sich im vollen Wachbewußtsein und kann zu jeder Zeit selbst entscheiden, wann man diesen Zustand wieder verlassen möchte. Man öffnet die Augen und befindet sich wieder im Hier und Jetzt. Wenn man zum Beispiel einen traurigen Film sieht, bei dem man mitweinen muß, ist man bereits im Alpha-Zustand. Wenn dann das Telefon klingelt, hört man es und kann sich entscheiden, ob man telefonieren möchte oder lieber weiterweint.

Es ist ein Zustand, bei dem man auf ein bestimmtes Thema mit höchster Konzentration fokussiert ist.

Die Teilnehmer werden gemeinsam schrittweise in diesen Zustand geführt. Dazu machen wir uns die äußere Auraschicht bewußt, die in etwa eiförmig ist. Anschließend verbinden wir uns nacheinander mit der Erde, dem Kosmos, und lösen uns von den Energien unseres Umfelds ab, um in die Neutralität zu gelangen. Jetzt können wir ungestört von äußeren Einflüssen in unserem Inneren die Arbeit beginnen.

Die Verbindung zum Kosmos ist deshalb so wichtig, weil damit der Kanal für die inneren Bilder geöffnet wird und uns erst durch diese Energie die Bilder zur Verfügung stehen. Die inneren Bilder zeigen uns, welche Blockierungen wir lösen müssen und wie diese entstanden sind. Die Verbindung zur Erde wiederum wird benötigt, um uns für die Erdenergie zu öffnen, die eine Umwandlung der Gefühle erleichtert. Damit wird eine tiefgreifende Veränderung ermöglicht. Die gefundenen Blockierungen entfernen wir aus unserem physischen Körper. Mit Hilfe unserer Vorstellung lassen wir flüssiges Gold aus dem Kosmos auf diese abgetrennten Blockierungen fließen. Dadurch werden sie neutralisiert und können dem Kosmos zurückgegeben werden.

Anschließend wird die energetische Lücke im physischen Körper durch flüssiges Gold wieder aufgefüllt. Meist entsteht dabei ein sehr entspanntes und wohliges Gefühl. Die Vorstellung von flüssigem Gold kommt unserer körpereigenen elektrischen Frequenz am nächsten. Aus diesem Grund wird die Vorstellung von Gold verwendet. Somit verhindern wir die Rückkehr der alten Blockierungen, da ihr früherer Platz jetzt wieder gefüllt ist.

Das ist gemeint, wenn Maria Elisabeth sagt: „Gib Gold darauf, gib es dem Kosmos zurück und fülle dich wieder auf."

Wir beginnen mit der Lösung der Blockierungen im ersten Chakra.

Nachdem sie in den Alpha-Zustand geführt wurden, sprechen die Teilnehmer nacheinander von den in ihren Chakren auftretenden Bildern.

Unsicher, was mich erwartet, kam ich am Montagmorgen zu T.S.I. Glücklicherweise war der Empfang sehr herzlich und ich kam schnell mit anderen Teilnehmern ins Gespräch. Zu Beginn wurden wir alle von Maria Elisabeth und ihrem Partner Günter Willkommen geheißen. Nach der Begrüßung wünscht Günter allen viel Erfolg und verläßt den Seminarraum. Wir werden nun von Maria Elisabeth dazu eingeladen, in einer ersten Runde von unseren Wünschen und Hoffnungen für das Seminar zu berichten. Ich spürte, daß es auch den anderen nicht ganz leicht fiel, gleich aus sich herauszugehen und zu offenbaren, was jeden von uns wirklich betrifft. Maria Elisabeth erklärt uns die Grundlagen und die Methode ihrer Arbeit und führt uns dann in die Meditation. Allen gelingt das und ich bin überrascht, wie leicht das geht.

Tapfer hatten wir uns durch die erste Runde gekämpft, alles war doch noch so neu - die Arbeitsweise dieser hoch konzentrierten Meditation, das lange Sitzen auf den Klappstühlchen bei Maria Elisabeth und der Widerstreit im eigenen Inneren, ob man denn das ganze absurde Zeugs, das man da so vor sich hinphantasiert, überhaupt glauben kann. Die Welt da draußen funktioniert doch ganz anders und man meinte, sie endlich zu kennen - für die Welt da drinnen habe ich noch keinen Führerschein, kenne noch keine Verkehrsregeln, und weiß nicht, wie die Fahrbahnbegrenzungslinien aussehen und ab wann man abweicht.

Zu Hause im Universum

Wie auf einer großen Reise bewegen wir uns auf unserem Lebensweg durchs Universum. Meist bemerken wir kaum, was um uns herum geschieht, so beschäftigt sind wir mit uns selbst. Eigentlich sind wir eher beschäftigt mit dem, was wir meinen alles tun zu müssen. Wir glauben daß andere so viele Dinge von uns erwarten, daß wir uns selbst kaum wahrnehmen. Manchmal erreicht uns ein Lichtschimmer, ein kurzer Augenblick, ein Eindruck davon, daß alles auch ganz anders sein könnte.

Ganz unerwartet kommt ein Gefühl der Weite, der Ruhe und des Friedens. Beim Blick von einem Berggipfel, beim Spazierengehen in der Natur oder einfach in einem ruhigen Moment. Dieses Gefühl ist tief drinnen in uns verwurzelt und spricht uns an wie nichts sonst. Plötzlich gibt es scheinbar keine Zeit mehr und keine „wichtigen" Dinge. Alles scheint fast magisch miteinander verbunden zu sein. Jeder hat das schon für kurze Zeit erlebt. Alles ist eingetaucht in dieses harmonische Gefühl. Aber was ist das und woher kommt es? Diese tiefe und unaussprechliche Berührung entsteht meist ohne besonderen Anlaß, wie ein Geschenk des Universums. Ein Geschenk, das uns zeigt, woher wir kommen und wie erfüllt wir uns fühlen können.

Ist das unsere Lebensquelle? Was erhält uns überhaupt am Leben?

Kurz darauf sind wir dann aber schon wieder in unseren Erledigungen und Gedanken versunken. Manchmal bemerken wir auch, daß wir auf bestimmte Menschen oder Situationen immer gleich reagieren. Warum geraten wir immer in die gleichen Situationen? Warum begeben wir uns immer in gleiche Partnerschaften? Ohne es wirklich zu wollen sind wir so eingefahren, daß eine Veränderung so schwer erscheint. Leider kommen dann auch noch Gefühle von Hilflosigkeit, Wut und manchmal sogar Haß dazu. Später fühlen wir uns für diese Gefühle wieder schuldig und manchmal auch wertlos und leer. Wir leben dann wie in unserem Hamsterrad aus Pflichterfüllung, schlechtem Gewissen, unterdrückten Gefühlen und Minderwertigkeit. Schneller zu laufen haben fast alle von uns schon einmal als Lösung versucht. Manche bis zur Erschöpfung. Wie sehr sie sich auch anstrengen, Sie erkennen, daß es nicht ausreicht um mit sich zufrieden zu sein und zu spüren daß man von anderen akzeptiert und wertgeschätzt wird. Da aber keine andere Lösung bekannt ist, strengen sich manche Menschen beim nächsten Mal noch mehr an, versuchen noch perfekter zu werden und noch weniger Fehler zu machen, in der Hoffnung, dann endlich gut genug zu sein, um den ewigen Wiederholungen dieses Musters zu entkommen. Vielleicht haben sie das Verlangen, allen Anforderungen zu entsprechen, vielleicht schaffen sie es aber auch gar nicht erst anzufangen. Was die einen Menschen durch Aktivität zu lösen versuchen, treibt die anderen in die Lethargie.

Leider führt das nur tiefer in den negativen Kreislauf und schließlich in die Kapitulation. Doch was ist, wenn es diese andere Sichtweise, diese Möglichkeit zur Entwicklung und Befreiung wirklich gibt? Was würde sich ändern in unserem Leben? Was würden wir uns an Veränderungen wünschen? Wie würden wir uns fühlen? Welchen Menschen würden wir dann begegnen?

Was hält uns eigentlich ab, unsere Wünsche und Möglichkeiten zu verwirklichen?

Es gibt einen Weg, das, was uns von unserer Erfüllung abhält, zu beseitigen, Blockaden zu lösen und uns weiterzuentwickeln.

Wir alle bringen aus unserer Kindheit Erfahrungen mit, aus welchen wir unsere derzeitige Wirklichkeit erschaffen haben. Manchmal waren das für uns heute scheinbar ganz unbedeutende Situationen. Zum Beispiel wenn ein Kind ein geliebtes Kuscheltier verliert, dann wirkt das auf Eltern wie eine Lappalie. Sie kaufen ihm ein Neues und die Sache ist für sie damit erledigt. Das Kind jedoch trauert in dieser Situation tief und lernt möglicherweise daraus, daß Liebe immer mit Verlust und Schmerz gekoppelt ist. Als Folge davon wird es vielleicht als Erwachsener möglichst vermeiden sich zu verlieben, um den Verlust damit zu verhindern. Dieses Beispiel zeigt, daß wir versuchen Regeln zu erkennen, um sie für uns im weiteren Leben immer wieder anzuwenden. Leider sind einige dieser Erfahrungen negativ. Noch negativer ist allerdings, was wir versucht haben daraus zu lernen und uns als Regel zu merken. Da uns diese Vorgänge und Regeln nicht bewußt sind, handeln wir auch als Erwachsene noch danach, auch wenn das schon längst nicht mehr sinnvoll ist. Manchmal schaden wir uns sogar viele Jahre lang selbst mit diesen Verhaltensmustern, ohne es wirklich zu wissen. Wir handeln einfach nach den in der Kindheit gelernten Überzeugungen. Das ist ein ganz natürlicher Mechanismus, durch den wir die komplizierte Welt als Kind kennenlernen und einen Weg finden, damit umzugehen. Später als Erwachsene fragen wir uns, warum wir uns nicht verlieben können. Warum lernen wir Menschen kennen, die unsere Freundschaft wollen, aber nicht unsere Liebe? Dabei bemerken wir nicht, daß wir selbst es sind, die gar nicht bereit sind, Liebe zu geben. Lösen wir diese Blockierung auf, so strahlen wir selbst Liebe aus und begegnen somit auch Menschen, die von uns geliebt werden wollen.

Viele dieser Überzeugungen aus der Kindheit haben auch etwas mit unserem Selbstwert zu tun. In dramatischen Situationen, wenn wir etwas angestellt haben, beschimpft oder geschlagen wurden, nahm der kleine Mensch das oft als Zeichen dafür, daß er eben weniger Wert ist als die anderen oder die Großen. Dieses Gefühl ist dann im späteren Leben immer wieder aufgetaucht und wir haben uns alle so sehr daran gewöhnt, daß es uns ganz selbstverständlich geworden ist sich minderwertig zu fühlen. Jeder glaubt natürlich, daß es bei ihm besonders schlimm ist und sich die anderen alle besser fühlen. Leider ist das nicht so und wir sitzen mit diesem Gefühl wirklich alle im gleichen Boot. Um das nicht so genau zu spüren, haben wir uns viele Spiele ausgedacht. Die einen bevorzugen Demonstrationen ihrer Macht und Stärke, um davon abzulenken, wie schwach sie sich in ihrem Inneren fühlen. Die anderen zerstreuen sich mit so vielen Kleinigkeiten und unwichtigen Dingen, bis sie kein Gefühl mehr für sich selbst haben und die unangenehmen Gefühle auch nicht mehr spüren müssen.

Natürlich gibt es noch die Spiele um gesellschaftliche, berufliche oder familiäre Anerkennung. Hier passen wir uns so vielen Regeln an, um eine imaginäre Leiter hinaufzusteigen und dann irgendwann endlich der Anerkennung der anderen sicher zu sein. Natürlich tun wir auf diesem Weg auch viele nützliche Dinge. Wir helfen anderen durch unsere Arbeit, wir füllen Posten und Institutionen aus, wir ziehen Kinder groß und verdienen Geld für die vielen Dinge, die wir glauben uns zu wünschen.

Allerdings sind wir bei all diesen Tätigkeiten (man könnte fast sagen „Tötigkeiten“) kaum jemals bei uns selbst. Wir haben das Gefühl verloren, was uns eigentlich bewegt, was uns erfüllt, was uns am Leben erhält und was uns inspiriert.

Oft arbeiten wir lange und angestrengt, um unsere Ziele und Wünsche zu realisieren. Wenn diese dann nach großer Anstrengung und vielen Entbehrungen erreicht sind, bemerken wir, daß sich an unseren Gefühlen nichts geändert hat. Nach einem kurzen Glücksgefühl entsteht in unserem Inneren oftmals wieder eine große Leere und wir haben vergessen, wofür wir eigentlich leben. Schnell drängen sich uns neue anstrengende Ziele auf. Bleiben wir zu lange auf diesem Weg, dann bezahlen wir oft einen hohen Preis dafür. Für alle eingehaltenen Regeln und Pflichten, die Aufopferung im Wortsinne bekommen wir von unserem Körper die Rechnung präsentiert. Wir werden krank. Manche Menschen erholen sich wieder bis zum nächsten Zusammenbruch, andere werden chronisch krank und verzweifeln an ihrer Lage. Kaum einer kommt nach mehreren Jahrzehnten auf diesem Weg ganz gesund davon. Diese Perspektive können wir aber erst wahrnehmen, wenn wir selbst in dieser Situation waren und dann unsere Umgebung bewußt betrachten. Wir beobachten dass immer mehr Freunde, Kollegen und Bekannte ebenfalls erkranken. Sie verhalten sich ähnlich, wie wir selbst dies getan haben. Die meisten akzeptieren diesen Zustand als normal und fügen sich in ihr vermeintliches Schicksal. Einzelne aber suchen nach einem Ausweg. Diesen finden sie auf dem Weg zu ihren Gefühlen. Sie sind es, welche die Kraftquelle unserer Erfüllung ist.

Natürlich haben viele Menschen dabei schon unzählige Versuche unternommen. Die meisten hoffen, daß eine äußere Veränderung, ein Umzug, ein Wechsel der Arbeit oder des Partners eine Veränderung bringt. Andere wiederum versuchen sich durch Reisen in andere Länder abzulenken.

Manche erhoffen sich durch spirituelle Gruppen Hilfe bei der Veränderung ihres Lebens.

Anfangs verspüren viele Menschen danach neue Energie, Inspiration und Leichtigkeit. Nach wenigen Tagen oder Wochen hat sie indes ihre alt bekannte Situation wieder eingeholt und das Spiel beginnt von vorne. Nach einigen derartigen Versuchen nimmt bei den meisten Menschen die Hoffnung ab, damit etwas wirklich Tiefgreifendes in ihrem Leben verändern zu können. Dann sind sie meistens von ihren bisherigen kleinen Ausflüchten frustriert und wissen sich noch weniger zu helfen als zuvor. Zweifel am Sinn des Lebens kommen auf und ihre tägliche Routine wird dabei oftmals als unerträglich empfunden.

Sie fragen sich, ob das wirklich alles war, was das Leben zu bieten hat. Die täglichen Pflichten zu erfüllen, zu arbeiten, zu essen, abends fernzusehen und dann schlafen zu gehen, nur um am nächsten Tag wieder die täglichen Pflichten erfüllen zu können. Dann beginnt alles wieder von vorne.

Der Weg, dem Leben wirklich Sinn zu geben, beginnt damit, seine alten Verhaltensmuster und Blockaden aufzulösen, damit wir so mutig sein können, das zu tun, was unserem innersten Wesen entspricht. Wenn wir uns trauen so zu handeln, wie wir wirklich empfinden, ist es egal, was wir tun, welchen Beruf wir ausüben, es wird uns zu unserer persönlichen Zufriedenheit führen. Dann befinden wir uns in unserer gefühlsmäßigen Mitte, wir spüren unsere Wichtigkeit für uns und unser Umfeld. Wir sind wieder verbunden mit der Quelle der Inspiration und können so ein erfülltes und glückliches Leben führen.

Genau zu dieser Quelle führt uns die Arbeit von Maria Elisabeth.

Warum läufst du davon? fragt Maria Elisabeth.

Ich habe etwas Verbotenes getan.

Nein, sagt Maria Elisabeth, ein Baby hat kein Gefühl für etwas Verbotenes. Was hattest du für ein Gefühl?

***Christine**: Freude.*

***Maria Elisabeth:** Ja, aber warum bist du dann weggelaufen?*

***Christine**: Ich darf die Asche nicht aus dem Ofen wühlen.*

***Maria Elisabeth:** Wußtest du, daß dies verboten ist?*

***Christine**: Nein, sagt meine Seele, ich wußte nicht, daß dies verboten ist.*

***Maria Elisabeth:** Warum hast du dich dann versteckt?*

***Christine**: Ratlosigkeit - ich wußte, daß ich vom Tatort weg muß und ich war doch so müde, das Kleidchen war auch dreckig.*

***Maria Elisabeth:** Wer ist noch in der Wohnung?*

***Christine**: Mama in der Küche .... und die Oma.*

***Maria Elisabeth**: Kannst du sie sehen?*

***Christine:** Nein, sie sindin der Küche, ich hatte mich davongeschlichen.*

***Maria Elisabeth**: Was fühlen die beiden?*

Christine: *Ich weiß nicht sicher, aber die Oma hat Angst.*

Maria Elisabeth: *Warum hat die Oma Angst?*

Christine: *Sie muß fortlaufen, sie fürchtet sich vor der Dunkelheit.*

Maria Elisabeth: *Was ist für sie die Dunkelheit?*

Christine: *Das Leben ist hell und schön, das Leben ist impulsiv, das Leben ist Freude. Das alles jedoch ist verboten, das Paradies kommt erst nach dem Tod, das Leben ist Versuchung, böse, so kommt die Dunkelheit und bestraft die Sündigen.*

Maria Elisabeth: *Wird die Oma für das Gefühl von Freude und Leben bestraft? Christine: Ja.*

Maria Elisabeth: *Glaubt das deine Oma?*

Christine: *Ja.*

Maria Elisabeth: *Wie kommt die Oma zu dieser Annahme, die Freude im Leben sei verboten?*

Christine: *Sie stammt aus einer Pfarrersfamilie und ist Pfarrersfrau, sie unterrichtet diese Dinge und glaubt daran. Freude ist Versuchung, Fehltritte führen zur Verdammnis und zur ewigen Hölle. Aus der Hölle und der Dunkelheit kommen fleisch- und seelenfressende Dämonen, die Seelen schmoren dort in ewiger Qual - Oma zeigte mir die Bilder in ihrer Bibel, in der die Wahrheit steht.*

Maria Elisabeth: *Fühlst du als Baby das Gefühl der Oma?*

Christine: *Ja.*

Maria Elisabeth: *Wie?*

Christine: *Die Dunkelheit kommt zu mir, zu meiner Freude, etwas Bedrohliches ist über mir und um mich, schnell weg in ein sicheres Versteck, weg vom Ort der Freude.*

Maria Elisabeth: *Deshalb bist du davongelaufen?*

Christine: *Ja.*

Maria Elisabeth: *Hast du selbst mit deiner Freude Schuld auf dich geladen und so die Dunkelheit gerufen?*

Christine: *Nein, das ist die Oma.*

Maria Elisabeth: *Wenn das nichts mit dir zu tun hat, und das die Gefühle der Oma sind - kannst du dann das Gefühl der Schuld* *durch Freude und Leben und die Gefahr wieder abgeben und der Oma überlassen?*

***Christine**: Ja, aber das ist schwer.*

***Maria Elisabeth:** Suche den Ort, wo dieses Gefühl sich in deinem Körper aufhält. Entferne es, überschütte es mit Gold und gebe es in den Kosmos zurück.*

In meinem Geist greife ich zu meinem borstigen Kehrbesen und fege durch mein Inneres. Ich versuche alle Stellen ausfindig zu machen, wo sich Dunkelheit, Strafe, Sünde und Verdammnis aufhält.

Überall sind solche dieser dunklen Ecken. Als schließlich ein stattlicher Haufen zusammengekommen ist, beschließe ich, daß ich mit diesem Ergebnis schon einmal zufrieden sein kann, schütte einen Eimer Gold darüber und schiebe den Haufen an den Rand, wo meine Persönlichkeit endet und der große weite Kosmos beginnt. Der Haufen klebt und er rutscht nicht gut, doch mit viel Kraft und Aufwand läßt er sich schließlich doch entfernen. Ich denke noch, daß ich an diesen Ort noch einmal zurückkommen sollte und weitere Reste entfernen sollte, doch dies ist schon einmal ein guter Anfang. Erleichterung.

Weiter höre ich Maria Elisabeths Stimme: Und nun fülle alle Stellen, die du von Dunkelheit befreit hast, mit Gold auf und sage, wie sich das anfühlt.

Ich führe dies durch und betrachte mich vor dem inneren Auge - ich sehe aus wie ein von oben bis unten goldgetupfter Schweizer Käse, über und über, so viele Stellen Dunkelheit hatte ich aus meiner Persönlichkeit und meinem Körper herausgefegt.

Nach dieser Sitzung bin ich völlig überwältigt und auch verwirrt. Ich fühle mich einerseits unendlich befreit von einer bleischweren Last, andererseits wie eine Feder, die beim leisesten Lufthauch wild durch die Luft gewirbelt wird. Auch wie in Stücke zerfallen, da die alles erklärenden kausalen Verbindungen im Leben nicht mehr greifen: wenn nicht Freude und Leid, Lust und Sünde, Lebensfreude und Melancholie fest miteinander verbunden sind, wie funktioniert dann das Leben überhaupt? Wenn nicht die eigene Göttlichkeit mit Verdammnis vergolten wird, Inspiration und Synergie mit Zerstörung und Selbstzweifel, wohin führt dann überhaupt unser Lebensweg?

Wie sind diese Dinge dann zu bewerten? Ist alles einfach nur gut? Diese Stellen sind gottlob vergoldet, dies gibt das Gefühl, alles ist gut, auch wenn ich es momentan auch nicht erklären kann.

Überwältigt auch, daß es möglich war, durch meine Familie solche skurrilen Annahmen über das Leben, über Schuld und Verdammnis in mich aufzunehmen und jahrzehntelang zu leben. Völlig unbewußt lebte ich die Grundsätze der christlichen Kirche, so wie sie mich gelehrt wurden, litt insgeheim das tiefe Leid meiner Vorfahren und dachte doch, ich sei eine selbstbestimmte, fortschrittliche Frau.

Auf der Suche nach unserem Selbstwert

Unser Leben führt uns durch viele Erfahrungen, mehr als wir manchmal zu verkraften glauben. Dann wünschen wir uns, daß es einfach leichter wird. Wir halten Ausschau nach verschiedenen Wegen, um für uns ein Leben zu erreichen, das wir mögen und auch aushalten können. Oft suchen wir Erleichterung in Freundschaften mit anderen Menschen. Wir helfen unseren „Freunden" ihre Probleme zu lösen, manchmal bis weit über unsere Kräfte hinaus, ohne unsere eigenen Schwierigkeiten zu beseitigen.

Manchmal suchen wir auch Freundschaften mit Tieren, weil wir von diesen nicht enttäuscht werden. Wir werden sogar bedingungslos von ihnen geliebt. Diese Liebe können wir gefahrlos erwidern und müssen nicht befürchten betrogen oder hintergangen zu werden. Dann gibt es Phasen, in denen wir unseren Selbstwert über materielle Dinge definieren. Wir kaufen uns Statussymbole, die unser Leben bereichern sollen. Ein schönes Auto, ein großes Haus, teure Kleidung oder Schmuck. Natürlich sollen diese Dinge auch von anderen wahrgenommen werden. Für eine kurze Zeit empfinden wir, daß diese Dinge unser Selbstwertgefühl steigern. Aber wir suchen immer wieder nach neuen Dingen, die uns ein gewisses Gefühl der Besonderheit oder Sicherheit geben.

Diese Dinge steigern aber nur augenscheinlich unser Selbstwertgefühl, weil wir uns durch deren Besitz jetzt mehr wert fühlen. Denn die Reaktionen der anderen zielen nur auf die Dinge und nicht auf uns als Persönlichkeit.

Sobald wir das bemerkt haben, streben wir danach etwas Neues, möglichst noch Wertvolleres oder Bemerkenswerteres zu besitzen.

Zwischen den Phasen, in denen es uns damit gut geht und wir uns mit der Suche und dem Kauf vieler Dinge beschäftigten, erkennen wir, daß diese Strategie uns nicht weiterhilft.

Unser Selbstwert hängt nicht an Dingen, egal wie kostbar, selten oder auffällig sie auch sein mögen. Er ist tatsächlich völlig unabhängig von allen Dingen und sogar von anderen Menschen. Unser Wert bleibt immer gleich. Wir können ihm weder etwas hinzufügen, noch etwas von ihm verlieren. Er ist!! Der Wert aller anderen Menschen ist ebenfalls unveränderbar, auch wenn sich das manchmal für uns anders anfühlen mag.

Nur unser erlerntes Gefühl und unsere momentane Perspektive lassen uns diese Wahrheit „übersehen". Wenn wir diese Erkenntnis annehmen, dann ergeben sich daraus weit reichende Konsequenzen. Jeder Versuch den eigenen Wert durch Dinge oder Taten zu erhöhen, mag zwar irgendetwas bewirken, jedoch nichts an unserem Wert zu verändern. Auch wenn wir versuchen, andere Menschen abzuwerten, um unseren eigenen Wert zu steigern, gelingt uns das nicht. Was bleibt uns dann?

Wenn wir unseren eigenen, einzigartigen Wert anerkennen wie er ist und auch erkennen, daß der Wert aller anderen auch nicht anders ist als unser eigener, fällt das Streben nach all diesen Dingen weg und uns bleibt viel Zeit und Energie, um das zu tun, was uns wirklich mit Freude erfüllt.

Tief empfundene Freude ist ein guter Wegweiser für unsere Ausrichtung nach unserem wirklichen Wesen. Freude ist der eigentliche Ur-Zustand. Diese ist immer tief in uns vorhanden und wird nur verdeckt von unseren Gedanken, negativen Gefühlen und der allgemeinen Geschäftigkeit, mit der wir uns umgeben. Die Wiederentdeckung dieser Freude erschließt uns unsere eigene Kraftquelle. Sind wird dort, so empfinden wir das Leben als unseren Helfer.

Dann fahren wir vielleicht das schöne Auto, weil es uns Freude macht. Leben in einem Haus, weil uns das mit Freude erfüllt. Tragen Schmuck, weil wir ihn schön finden und es ist uns egal, was andere darüber denken. Wir sind erfüllt von unserer eigenen Handlung und haben Freude am Leben.

Das ist unsere Ausgangsbasis für ein selbst bestimmtes Leben. Ruhe entsteht, wenn wir diese Erkenntnis in uns aufnehmen und wirken lassen, da jeder Wertvergleich damit sinnlos wird.

Viele Menschen quälen sich mit ihren Stimmungsschwankungen. Mal sind sie ganz euphorisch und schon am nächsten Tag kann es ganz finster aussehen. Bei manchen kommt es sogar zu tiefen Depressionen.

Sie zweifeln dann an allem, an sich selbst sowieso, aber auch an anderen Menschen und den Dingen, die ihnen sonst in ihrem Leben so wichtig sind. Da es nach ein paar Tagen meist wieder besser geht, beschäftigen sie sich selten länger mit der Ursache der negativen Stimmungen. So kommt es, daß sich diese Zustände ohne offensichtliche

Gründe ständig wiederholen.

Bei der Arbeit mit Maria Elisabeth erfährt man den Punkt, an dem die Ursachen dieser Gefühle spürbar werden. Oft sind sie in der frühen Kindheit entstanden oder aber sie stammen aus früheren Leben.

Durch das Erkennen und Auflösen der Ursachen tritt eine große Erleichterung ein. Der Wiederholungszwang der Stimmungsschwankungen fällt durch die Auflösung der Ursache weg. Beherrscht man diese Arbeit, verlieren die eigenen Blockaden ihren Schrecken. Es entsteht die Möglichkeit, in einer Leichtigkeit im Umgang mit sich selbst zu leben, die bisher unbekannt war. Plötzlich kann man sich auf Abenteuer einlassen, die einem vorher Angst gemacht haben. Die Angst vor Schmerz und Enttäuschung fällt weg, weil man ja weiß, wenn einen solche Gefühle heimsuchen, kann man sie ohne Probleme ablösen und in den Zustand des Wohlbefindens zurückkehren. Das Erlebte wird dann zur Bereicherung des eigenen Lebens, unabhängig von seinem Ausgang. Die Vorstellung alle Möglichkeiten wahrnehmen zu können, erfüllt einen mit großer Freude und Begeisterung für das Leben. Es eröffnet sich der Sinn des eigenen Lebens.

Natürlich gehören viele unserer Emotionen, auch die weniger erwünschten, zu uns. Doch gibt es auch Ausnahmen. Manchmal schleppen wir etwas unser ganzes Leben lang mit uns herum, ein Gefühl, das sehr gewichtig sein kann und so bekannt und gewohnt, daß wir uns kaum vorstellen können es loszuwerden. Und doch ist es eben belastend.

Dann kann es passieren, daß wir erkennen, daß nicht wir selbst dieses Gefühl entwickelt haben. Das Gefühl gehörte vielleicht einer anderen Person in unserer Familie. Als kleine Kinder sind wir ja nicht in der Lage wahrzunehmen, ob ein Gefühl von uns oder einer anderen Person stammt. Deshalb leben wir dieses Gefühl, das wir zu diesem Zeitpunkt wahrgenommen haben, einfach selbst aus. Später sind wir dann der festen Überzeugung, daß es unser eigenes Empfinden ist. Besonders solche Gefühle auszulassen und aufzulösen bringt große Erleichterung und befreit uns von den Fesseln der Vergangenheit.

Der Kohlehändler

Weit und tief verschwunden, irgendwo in Zeit und Raum ... und in einem anderen Körper. Eng ist es, die Gelenke und Muskeln arbeiten wie verändert, wie noch nicht ausgereift. Verwundert blicke ich an mir herunter, wer bin ich, wo bin ich? Kleine, patschige Händchen sehe ich, etwa 30cm Abstand zum Boden, Parkettboden, ich muß etwa ein Jahr alt sein. Eilig habe ich es, eine Freude pocht in mir, Lust zu entdecken, weiterzukommen. Auf den Ofen am Ende des Raumes habe ich es abgesehen, ich krabbele mit meinen kurzen Beinchen so schnell ich kann schnurstracks darauf zu. Endlich einmal unentdeckt, Topfgeklapper ist weiter weg aus der Küche zu hören, die Luft ist rein, ich bin der Entdecker. Ich fühle den kleinen Körper, das Rutschen mit Händchen und Füßchen auf dem Boden, das Denken ist sehr fokussiert, die Freude unmittelbar und ungetrübt. Eine schwierige Aufgabe kommt nun, denn die Ofenklappe muß geöffnet werden. Die Fingerchen und Händchen arbeiten wild daran herum, sie gehorchen nicht, so wie ich das will. Die Klappe geht nicht auf, es ist ein Drehgriff daran, und Drehen gehört noch nicht zu meinem Repertoire. Wut, Verzweiflung, Spannung, Freude ... doch kein Laut, ansonsten wäre der Spaß schnell vorbei, Mama ist nicht weit. Weiter, die kleinen wurstdicken Fingerchen drehen unnachgiebig an dem Griff ... endlich, die Klappe öffnet sich. Ohhh, was für eine Freude, ein riesen Haufen Asche darin, kalte weiß-graue Asche hinter der Klappe im Ofen. Es kostet noch einige Mühe, denn mit einem Füßchen habe ich mich im Kohlekasten verklemmt, es geht nicht heraus, steckt fest. Das Windelpaket an meinem Po ist auch nicht gerade förderlich wieder herauszukommen, mit viel Kraft und Ausdauer befreie ich mein Füßchen. Endlich einmal in Asche graben, weit tauche ich Hände und Arme in den angenehm weichen Aschehaufen - er ist wohl kalt vom Vortag. Niemand beobachtet mich bei meinem Schaffen, ich greife Handvoll für Handvoll hinein, überschütte mein weiß-blau-kariertes Kleidchen, verschmiere das Gesicht. Weiter hinein, weiter graben, bis alles draußen ist. Asche überall um mich herum, wunderbar, so betrachte ich meine Tat. Nach so viel Arbeit überfällt mich doch die Erschöpfung, Müdigkeit umnebelt meine Gedanken, meine Begeisterung. Wohin nur - an meinem Arbeitsplatz kann ich nicht schlafen. Alles voller Asche, sie klebt an den Knien, im Gesicht, in den Augen - und die sind ohnehin so müde, daß sie kaum offen bleiben wollen. Schnell weg. Schleppend geht es, weg vom Tatort in ein sicheres Versteck. Ein Vorhang, der bis zum Boden reicht, das ist kuschelig, dahinter würde mich keiner finden. Kaum versteckt, übermächtigt mich der Schlaf, schwinden mir die Sinne.

Erfahrungen als Lebensausstattung

Alle Menschen, die auf diese Welt kommen, erleben viele verschiedenen Dinge, die sie dann als Erfahrungen annehmen sollten. Rückblickend sieht es manchmal so aus, als wären manche der Erfahrungen, besonders die schmerzhaften in der Kindheit, entbehrlich. Wenn wir eigene Kinder haben, versuchen wir oft, ihnen unangenehme Erfahrungen zu ersparen, diese zu mildern oder die Menge dieser Erfahrungen zu begrenzen. Tatsächlich ist es aber so, daß jede Seele sich in der Phase der frühen Kindheit konflikthafte Erlebnisse sucht, um daraus einen Erfahrungsschatz entstehen zu lassen. Damit geht sie durch diese Welt. Auch Kinder, die in einer besonders liebevollen Umgebung aufwachsen, sammeln negative Erfahrungen und seien sie auch noch so unbedeutend. Obwohl alle Eltern immer bemüht sind ihre Kinder richtig zu behandeln, finden sich doch einzelne Situationen, die zu einer negativen Erfahrung für das Kleinkind werden können. Auf der Suche nach vorhandenen Blockaden zeigt sich dann manchmal, daß ein einzelner Blick der Mutter oder eine kurze Abwendung schon ausreichen, um eine solche Lernerfahrung auszulösen. Diese Grundausstattung der Gefühle ist nötig, um in das Leben dieser Welt hineinzuwachsen. Da jedes Kind ein eigenes Individuum ist und seine ganz spezielle Aufgabe im Leben hat, formt es sich aus seinen Erlebnissen die für diese Aufgabe nötigen Erfahrungen. Dies geschieht im Innersten des Kindes und ist von außen nicht beeinflußbar.

Mit dieser Ausstattung geht der Mensch dann durch sein ganzes Leben. Sie bildet die Grundlage für alle Entscheidungen und das gesamte Gefühlsleben. Menschen, die mit dieser Grundlage nicht zurechtkommen und an ihrem eigenen Leben leiden oder scheitern, suchen dann nach einer Lösung. Sie wünschen sich eine Veränderung in ihrem Leben, wissen aber nicht, wie sie diese erreichen können. Auf dieser Suche greifen die Menschen nach verschiedenen Hilfsangeboten, erfahren am Ende meist jedoch keine langfristige Lösung ihrer Probleme. Da die Wurzel ihrer Schwierigkeiten in ihnen selbst liegt und sie diese ständig wieder neu erzeugen, fühlen sie sich wie in einem Hamsterrad, dem sie nicht entkommen können.

Maria Elisabeth hat hierzu eine hoch effektive Methode entwickelt, um die Muster der emotionalen Grundausstattung zu beleuchten und bewußt zu machen. Durch einen Erkenntnisprozeß werden Blockierungen aufgelöst und in Erfahrungen transformiert. Jetzt ergibt sich die Möglichkeit sein Leben sinnvoll zu verändern, anstatt an den alten Blockierungen weiter zu scheitern. Diese Methode wird in ihren Seminaren vermittelt und angewandt.

Blockaden und ihre Lösung

In unserem Leben können bestimmte Situationen, die wir selbst als bedeutsam erleben, etwas in uns entstehen lassen, das unser späteres Verhalten wesentlich beeinflußt. Durch besondere Erlebnisse in unserer Kindheit, oft sogar schon als Baby, können sich in unseren Chakren Blockaden bilden. Denn ein Kleinkind ist für die Gefühle seiner Umgebung noch ganz offen, so offen, daß es nicht zwischen den Gefühlen von Menschen aus seiner Umgebung und seinen eigenen unterscheiden kann.

Ein Teilnehmer hatte Zeit seines Lebens eine Trauer wie über einen großen Verlust verspürt. Selbst konnte er kein dazu passendes Ereignis in seinem Leben erkennen. Auch war das Gefühl eigentlich zu tief und dunkel und dazu gab es in seinem jetzigen Leben keinen Grund. Im Seminar konnte er seine Großmutter in der Kindheit wieder wahrnehmen und plötzlich in ihrer Nähe dieses Gefühl sehr intensiv spüren. Bei genauerer Betrachtung zeigte sich, daß sie tief traurig und verbittert war über die großen Verluste, die sie und ihre Familie im Krieg erlitten hatten. Sie hatte dies kaum je mit Worten ausgedrückt. Da er als kleines Kind oft in ihrer Umgebung war, ist er in diesem Gefühl mit aufgewachsen und hielt es für sein eigenes. Er hat diese Stimmung als Grundgefühl kennen gelernt, weswegen ihm nie aufgefallen ist, wie ungewöhnlich es für ein Kind ist, immer eine traurige Grundstimmung zu haben.

Das Kind geht manchmal für den Rest seines Lebens davon aus, daß alle Gefühle, die es wahrnimmt, seine eigenen sind, hält diese für normal und handelt dementsprechend. Tatsächlich kann es jedoch die intensiven Gefühle eines Elternteiles oder anderer naher Verwandten wahrgenommen haben. Da es noch keine Unterscheidung zwischen sich und seiner Umgebung macht, fühlt es sich für das Kind genauso an, als würde das Kind selbst so empfinden. Im Kleinkindalter ist jedes Kind zuerst noch mit dem Körper der Mutter verbunden und nimmt diesen fast wie sich selbst wahr. Gefühle, die so aufgenommen wurden, melden sich immer wieder im Verlauf des Lebens und bestimmen damit auch das Verhalten ganz wesentlich. Diese können sich so authentisch anfühlen, daß eine Frage nach der Entstehung gar nicht aufkommt.

Im Seminar erzählt eine Frau, daß sie sich von Anfang an von ihren

Eltern abgelehnt fühlte. So lange sie denken kann besteht dieses Gefühl bereits und hat sie immer in ihrer Lebensfreude eingeschränkt. Im Seminar konnte sie sich wieder als Säugling erleben und dabei stellte sie selbst fest, daß sie dort das Gefühl der Ablehnung angenommen hatte. In Wirklichkeit war ihr älterer Bruder der Sündenbock der Familie und wurde von den Eltern entsprechend behandelt. Der Bruder lehnte das Verhalten der Eltern mit aller Kraft ab. Seine Gefühle waren überwältigend stark. Sie als kleines Kind nahm diese Gefühle als ihre eigenen wahr und spürte von da an den Schmerz der Ablehnung im Herzen. Ab diesem Zeitpunkt fühlte sie sich wieder und wieder abgelehnt, obwohl die Ablehnung nicht ihr galt. Sie forderte von ihren Partnern immer wieder ein Verhalten, das deren Liebe beweisen sollte. Wurden ihre Erwartungen nicht erfüllt, d.h. die Partner hielten sich nicht genau an ihre Vorstellung von Liebe, fühlte sie sich immer wieder abgelehnt.

Das Gefühl des großen Bruders, der in der Familie die Rolle des Sündenbocks hat und sich dadurch immer minderwertig fühlt, ist so intensiv, daß es auch auf sein kleines Geschwisterchen übergeht, das neben ihm im Baby-Körbchen liegt. Das Baby empfindet dieses Gefühl so intensiv wie seine eigenen Gefühle. Später als Erwachsener hat es als Folge diese Gefühle der Minderwertigkeit, die sein ganzes Leben beeinflussen können. Beim Aufspüren von Blockaden kommt dann ans Tageslicht, daß der Ursprung die Gefühle des Bruders sind und nicht die eigenen. Die Auflösung dieser Blockade schafft dann eine fast unaussprechliche Erleichterung. Wie eine gefärbte Brille hat diese Blockade den Blick auf alle Ereignisse und Menschen verfremdet.

Im Seminar konnte sie diese Verstrickung erkennen, sie im Gefühl entwirren und loslassen. Das hatte zur Folge, daß sie jetzt spüren konnte, daß sie als Kind sehr wohl geliebt wurde. Die damit durchgeführte Auflösung befreite sie vollkommen von diesem Gefühl, nicht geliebt zu werden.

Die Trennung von Gefühl und der Verursachung dieses Gefühls ermöglicht einen klaren Blick auf die beteiligten Abläufe in unserem Inneren. Damit kann der Umgang mit dem bereits bekannten Gefühl neu erlebt werden. Andere Verhaltensweisen und Alternativen im Umgang mit anderen werden damit realistisch wahrnehmbar und umsetzbar.

Die vielen Jahre der gefühlten Ablehnung fielen plötzlich von der Frau ab und sie war über alle Maßen erleichtert. In Zukunft kann sie dadurch für sich besonders in Beziehungen andere Entscheidungen treffen.

Sind Blockaden vorhanden, bezieht sich das, was wir empfinden, nicht auf unsere wirklichen Emotionen, sondern vielmehr auf die Erfahrungen aus unserem bisherigen Leben. Wie durch eine gefärbte Brille können wir nicht klar erkennen, was unser eigentliches Gefühl ist. So verwechseln wir oft unsere anerzogene Sichtweise mit unseren echten Gefühlen.

Nach einer erfolgten Enttäuschung in einer Beziehung beispielsweise kann jemand ein neuerliches Verliebtsein nicht als beglückend empfinden, sondern reagiert aus Furcht vor einer neuen Enttäuschung auf die neue Liebe mit Mißtrauen. Das eigentlich vorhandene freudige Gefühl wird von der negativen Erfahrung eingefärbt und ist dadurch kaum noch wahrnehmbar. Dementsprechend begegnet dieser Mensch auch künftigen Partnerschaften mit Mißtrauen. Durch sein Verhalten und seine Voreingenommenheit sind die Möglichkeiten neuer Beziehungen bereits belastet. Prompt kommt es dann oft auch zu neuen Enttäuschungen, die diese Befürchtungen zu bestätigen scheinen.

Auch diese emotionale Eingeschränktheit ist eine Blockierung. Sie behindert diesen Menschen bei der Wahrnehmung aller seiner echten Gefühle und hat daher einen massiven Einfluß auf sein Leben und seine Wünsche. Je länger das gelernte Verhaltensmuster besteht, umso verhärteter ist die Blockierung. Fatalerweise bestätigt sie sich durch Erlebnisse immer wieder aufs Neue. Der Betroffene hält damit seine Sichtweise für die Wahrheit, weil er sie so oft in ähnlicher Form erlebt hat. Dies ist aber nicht die Wahrheit, sondern seine selbst konstruierte Wirklichkeit. Die Wahrheit ist: er ist wieder verliebt!

Solche Blockierungen lassen sich auflösen. Sind diese gelöst, ergibt sich die Möglichkeit neue Verhaltensweisen anzunehmen und damit seinen eigenen ursprünglichen Gefühlen zu entsprechen und diese auch zu leben.

Oft werden bestimmte negative Gefühle von bestimmten Personen oder der Erinnerung an diese ausgelöst. Trennung von Verhalten und Sein der verursachenden Person ermöglicht die distanzierte Betrachtung aller als problematisch erlebten Gefühle und Verhaltensweisen. Meist ist die auslösende Situation aus der Kindheit nur über den geführten Alpha-Zustand möglich. Im Alltagsbewußtsein ist die verursachende Verbindung nicht zugänglich.

Ein Schlüssel zum Verständnis von Blockaden ist das Hinspüren und Einfühlen in die verursachende Person. Dieses „Mitfühlen“ im Wortsinn läßt uns die Situation aus dem Blickwinkel des anderen erleben. Manchmal entsteht dabei bereits im ersten Augenblick tiefes Verständnis für dessen jeweilige Lage, seine Schwierigkeiten und Grenzen, manchmal werden sogar die Regeln, nach denen dieser Mensch gelebt hat plötzlich verständlich. Erstaunlich ist dabei, daß wir uns auch bei jahrelang bestehenden Problemen kaum je wirklich in den anderen hineinversetzen, um ihn zu verstehen. Im Alpha-Zustand hingegen können jetzt die Gefühle des anderen und sein ganzes Sein erlebt werden. Die eigene Sichtweise und die aus ihr entstehenden Gefühle erscheinen dadurch weniger schwerwiegend, manchmal sogar ganz übertrieben und unnötig. Oft zeigt sich eine spürbare Erleichterung. Jetzt kann im geführten Alpha-Zustand eine Lösung eingeleitet werden. Dabei entsteht ein Raum im Herzen, ein heiliger Bereich, der die Essenz des Menschen zum Vorschein bringt. Mitgefühl für die Eltern und andere lebensgeschichtlich wichtige Personen entsteht. Danach besteht keine Verbindung mehr zur ursprünglich verursachenden Situation. Das negative Gefühl tritt nicht mehr auf. Gelegentlich wird später noch die auslösende Situation bemerkt. Da jedoch die Wurzel der Blockade aufgelöst wurde, gibt es auch keine emotionale Verbindung mehr dazu. Fast wie ein unbeteiligter Beobachter kann man nun neue Verhaltenweisen ausprobieren und einüben. Dadurch ergeben sich manchmal auch ganz neue Perspektiven für das eigene Leben.

Chakren

Besonders wichtig für die Arbeit mit Gefühlen sind die Chakren. Das Wort Chakra stammt aus dem Sanskrit und bedeutet Rad oder Kreis. Gemeint sind damit energetische oder feinstoffliche Wirbel. Insgesamt gibt es mehrere Tausend Chakren in unserem Körper. Während der Seminare konzentrieren wir uns auf die sieben Haupt-Chakren im Körper. Diese Energiezentren reihen sich von unten nach oben an der Wirbelsäulenachse entlang wie an einer Schnur auf. Bildlich gesprochen kann man sich die Wirbelsäule als Stamm vorstellen, aus dem die Chakren wie langstielige, kelchförmige Blüten nach vorne und hinten entspringen.

Verschiedene Traditionen wie Yoga, Traditionelle Chinesische Medizin und andere Lehren zielen auf die Entwicklung des Energieflusses durch die Chakren zur spirituellen Entwicklung und Gesundung ab. Bemerkenswert ist, daß auch in unserer Kultur Redensarten zeigen, daß diese Regionen als besonders mit Gefühlen verbunden gelten (Schmetterlinge im Bauch haben; einen Kloß im Hals haben; ein Stein, der vom Herzen fällt).

Die Chakren sind mit Wirbeln vergleichbar, durch die Energie in unseren Körper hinein- oder auch aus ihm heraustreten können. Sie verbinden unseren Körper mit dem Kosmos. Durch sie nehmen wir die Gefühle von anderen wahr und strahlen unsere Gefühle aus. Sind sie frei von Blockaden, dann drehen sie sich wie ein Rad. Wenn man seine hellsichtigen Fähigkeiten trainiert, kann man die Chakren und den Zustand, in dem sie sich befinden, bei sich und anderen Menschen wahrnehmen.

Jedem Chakra werden bestimmte Eigenschaften oder Qualitäten zugeordnet.

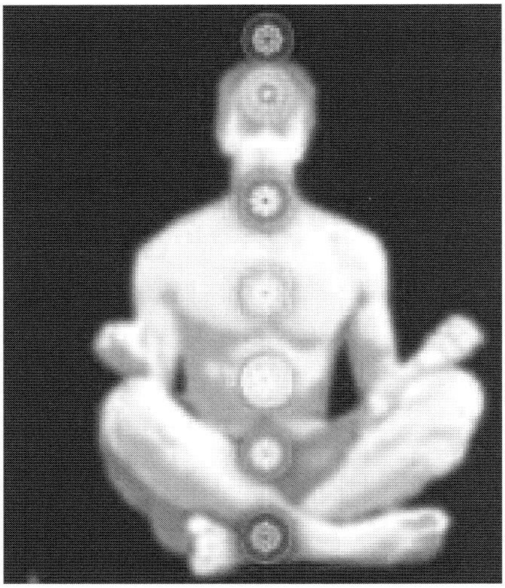

7. Chakra (Gottes-Chakra)	am höchsten Punkt der Schädeldecke	Spiritualität, Verbindung mit dem Göttlichen, Intuition	Violett
6. Chakra (3. Auge)	auf der Stirn zwischen den Augenbrauen	Erkenntnis des Göttlichen in allem und jedem	Milchigweiß
5. Chakra	auf der Höhe des Kehlkopfes	(Selbst-)Ausdruck	Hellblau
4. Chakra (Herzchakra)	In der Mitte des Brustkorbs	Liebe, Mitgefühl, Akzeptanz, Respekt, Mut, Geduld	Grün / Rosa
3. Chakra	Eine Handbreit über dem Bauchnabel	Persönlichkeit, Wille (Ego), Opfer-Täter-Verhalten	Gelb
2. Chakra	Eine Handbreit unter dem Bauchnabel	Sexuelles Empfinden, Angst, Schmerz, Angst nicht gut genug zu sein	Orange
1. Chakra (Basis-Chakra)	in der Region des Steißbeins	Urvertrauen, Freude an der Bewegung, Lebensfreude, Sexualkraft	Rot

Die Chakren sind u.a. für den „Transport" von Gefühlen zuständig. Durch sie fließen Emotionen in den Körper und aus dem Körper nach außen. Blockierungen lagern sich u.a. in den Chakren ab und verhindern somit das Fließen der eigenen Gefühle aus dem Körper heraus und das Spüren der Gefühle von anderen Menschen (durch das Aufnehmen ihrer Gefühle). Die eigenen Gefühle können diesbezüglich nicht mehr klar wahrgenommen werden, sie werden wie durch eine gefärbte Brille erlebt. Manche Menschen sehen daher alles, was ihnen begegnet, immer unter dem gleichen Aspekt. Außer ihnen käme niemand auf diese Idee. Ihre verfärbte emotionale Brille (durch die Blockaden in den Chakren) bringt sie zu dieser Einschätzung. Ohne äußere Hilfe oder intensive Arbeit an den Chakren ist es dann kaum möglich wieder einen „klaren Blick" zu bekommen.

Eine Auflösung der Blockaden in den Chakren (wie sie im Folgekapitel erläutert wird) ermöglicht eine geklärte Wahrnehmung der eigenen Gefühle und damit auch wieder ein besseres, bewußteres Handeln. Für eine spirituelle Weiterentwicklung ist das eine der Grundvoraussetzungen.

Die Chakren werden auch als menschliche Entwicklungsstufen interpretiert, wobei sich der Mensch von der Geburt und frühen Kindheit an (Wurzel-Chakra) bis hin zum Weisen (Gottes-Chakra) entwickelt. Je nachdem, wie weit ein Chakra geöffnet und wie weit es entwickelt ist, können sich bestimmte Charakterzüge, Verhaltensweisen und sogar Krankheiten zeigen. Eine Reinigung von Blockaden und eine harmonische Entwicklung ist daher für das Wohlbefinden und ein gesundes Leben unerläßlich.

Wie weit die einzelnen Chakren geöffnet oder geschlossen sind, ist Veränderungen unterworfen. Manchmal bewirken kleine Ereignisse den sofortigen Verschluß eines Chakras, welches dann vielleicht über lange Zeit verschlossen bleibt. Die Öffnung von Chakren erfordert meist eine bewußte Auseinandersetzung mit dem Thema, das zu seinem Verschluß geführt hat. Überragend positive Erlebnisse wie intensives Verliebtsein oder andere große Glücksmomente können Chakren ebenfalls wieder öffnen.

Je älter der Mensch wird, desto mehr besteht die Tendenz zum Verschließen der Chakren. Aufgrund der Lebensgeschichte scheuen wir uns, emotionale Schmerzen wahrzunehmen und verschließen uns lieber, bevor wir uns damit auseinandersetzen.

Andere Entwicklungen vollziehen sich über längere Phasen oder durchziehen das ganze Leben. Die hier angesprochenen Stadien der einzelnen Chakren beziehen sich meistens nur auf bestimmte Lebensabschnitte.

Erstes Chakra

Im ersten Chakra befindet sich das Urvertrauen des Menschen. Damit ist das Vertrauen darauf gemeint, daß das Leben ihn trägt und er sicher aufgehoben ist. Säuglinge äußern ihre Bedürfnisse sehr direkt und laut hörbar für ihre Umgebung. Bekommen sie dann Nahrung und Zuwendung, so erfahren sie, daß für sie gesorgt wird und sie sich darauf verlassen können. Sie bauen dabei im ersten Lebensjahr ihr Urvertrauen auf. Gesundes Urvertrauen zeigt sich durch Freude an der Bewegung und am Rhythmus. Ein Säugling vertraut darauf, daß ihm nichts Schlimmes zustoßen kann. Die Angst vor dem Tod hat für Menschen mit intaktem Urvertrauen keine Bedeutung. Sie haben Vertrauen auch zu sich selbst und ihrem Können und spüren ihren Wert in dieser Welt. Sie strahlen Selbstbewußtsein und Gelassenheit aus und gehen mit sich und ihrem Umfeld liebevoll um. Sie empfinden Lust am Leben und an dem, was sie tun. Daraus schöpfen sie ihre Kraft. Auch die Freude und Lust in der Sexualität hat ihre Heimat im ersten Chakra.

„Sexualkraft“ oder auch Lebenskraft dringt als Energie direkt von der Erde in unseren Körper ein, deshalb ist auch das erste Chakra wie ein Trichter nach unten geöffnet. Diese Lebenskraft erhält uns im wahrsten Sinne des Wortes am Leben. Je weiter das erste Chakra verschlossen oder blockiert ist, desto kraftloser und niedergeschlagener fühlt sich der Mensch. Er ist nicht mehr in der Lage die Energie der Erde in sich aufzunehmen und ist somit von seiner Kraftquelle abgetrennt. Blockierungen im ersten Chakra zeigen sich auch als Depressionen. Viele Menschen, die besonders scharfes Essen mögen, sind hier oft blockiert. Das Basis-Chakra ist die Grundlage für das Erkennen und auch für das Auflösen von Blockierungen. Im Seminar lernen die Teilnehmer immer wieder genau dorthin zu spüren. Wichtige innere Bilder zeigen sich dort, die oft für das Verstehen des eigenen Lebens ganz wesentlich sind.

Maria Elisabeth führt die Teilnehmer dabei weiter durch ihre inneren Bilder und zur Lösung der darin aufscheinenden Blockaden.

So oft es für den Einzelnen nötig ist, werden die sich zeigenden inneren Bilder betrachtet und auf ihre individuelle Bedeutung durchleuchtet. Dabei präsentieren sich ganz unterschiedliche Bilder. Alle haben jedoch eine besondere Bedeutung für denjenigen, bei dem sie auftreten. Sie sind wie die Wegweiser seiner Seele zur Lösung seiner Schwierigkeiten und Befreiung von seinen Begrenzungen.

Der Mantel Gottes

Maria Elisabeth: *Was siehst du, ganz tief in dir?*

Christine*: Nichts, ganz dunkel, ganz schwarz. Ich kann nicht hindurchsehen. Weiter lasse ich meine Phantasie schweifen, ein paar Fetzen fliegen durch den Raum. Frustriert, ob meiner mangelnden Seherkraft, lasse ich den Anspruch los nun wichtige Entdeckungen zu machen. Ein Bild taucht in meiner Erinnerung auf, ich kenne es aus dem Fotoalbum meiner Kindheit. Da ist ein kleiner Fratz, etwa vier Jahre alt, er sitzt im Schlafanzug im Bett der Eltern und strahlt - ein süßer Anblick. War ich so ein unbeschwertes glückliches Kind? Ein kleiner lachender Lockenkopf und noch ganz zerknittert von der Nacht, ist wohl gerade aufgewacht.*

Es kommt mir, erst bruchstückhaft, die Szene, wie der kleine Fratz wohl eingeschlafen ist: Ich liege im Elternbett, diesem Riesenbett 2x2 Meter, nirgendwo ein Ende. Ganz still und gerade, fest in die Bettdecke vergraben. Ganz allein, es ist dunkel. Die Eltern sind am Abend weggegangen, wie sie es öfter tun. Meine Brüder und ich, wir sind jeder separat in einem eigenen Zimmer eingesperrt, wohl damit wir schlafen und nicht streiten in ihrer Abwesenheit. Die Türklinke ist abgezogen, damit ich nicht heraus kann. Erst dreißig Jahre später sollte ich erfahren, daß das Abziehen der Türklinken die Idee und Tat meines fünf Jahre älteren Bruders war, damit er seine Ruhe vor den kleinen Geschwistern hatte und in Frieden fernsehen konnte.

Eingesperrt und im Dunkeln liege ich stocksteif vor Angst im Elternbett. Bloß nicht rühren, damit kein Teil von mir unter der Decke herausschaut. Denn dann würden die Monster der Dunkelheit kommen und darüber herfallen. Sie würden sich mit ihren Krallen darauf stürzen und mich anfressen. Aus den Ecken lugen sie heraus und greifen nach mir. Unter dem Bett sitzen kleine fleischfressende häßliche Zwerge, die die Füße anfressen, wenn sie aus dem Bett hängen. Luft anhalten - durchhalten. Inständig bitte ich um Schutz und Hilfe. Gott, so hieß es, ist die gute Macht, welche die Dunkelheit und ihre Dämonen vertreiben kann. Gott und Jesus. Bitte, Gott und Jesus, wer kann mich aus dieser Not retten? Ich stelle mir vor, wie ein Weg nach oben führt, *zum Licht, zu den heiligen Kräften, und wie ich über diesen Weg eine Verbindung herstelle, so alleine und klein hier unten in der Dunkelheit. Und plötzlich: Es kommt Hilfe. Ich habe plötzlich hier im Elternbett das Gefühl, es kommt eine große helle Hand und sagt: Ich segne dich, du bist gesegnet. Die Hand geht wieder, und läßt ihren hellen Schein bei mir, um mich herum. Die Stimme sagt weiter: Zu deinem Schutz lasse ich dir ein Stück meines Mantels da, du kannst dich jederzeit darin einwickeln. Es kommt keine böse Kraft, kein Dämon, keine Dunkelheit hindurch, darin bist du vollkommen sicher.*

Ich bin komplett überrascht. Wie kommt es, daß diese Kraft ausgerechnet zu mir kommt, zu mir, einem unwichtigen winzigen Wesen auf dieser Welt, womit habe ich das verdient? Überglücklich fühle ich das Stück des heiligen Mantels auf mir liegen, es geht ein Strahlen von ihm aus, er ist so schön, außen pures Gold, innen bordeaux-farbener Samt.

Fest wickle ich mich darin ein, sicher bin ich hier vor allen bösen, dunklen Kräften.

***Maria Elisabeth**: Hast du den Mantel heute noch?*

***Christine**: Ja, ich glaube schon, aber ich hatte viele viele Jahre vergessen und habe bis heute noch Angst vor der Dunkelheit. Noch heute sehe ich in dunklen Ecken die Dämonen mit langen struppig behaarten Armen und Krallen nach mir greifen.*

***Maria Elisabeth**: Dann nimm dir den Mantel und behalte ihn, er ist dir geschenkt. Suche dann alle die dunklen Ecken in dir und bringe sie aus dir heraus. Überschütte sie mit Gold und gib die Dunkelheit, alle Dämonen und das Böse und die Angst zurück in den Kosmos. Fülle all das, wo sich vorher die Angst aufgehalten hat in dir, mit Gold auf und sage mir dann, wie sich das anfühlt.*

Im Geiste nehme ich mir einen Besen und beginne zu kehren. Ein großer Haufen Angst türmt sich vor mir auf, es gibt viel zu kehren. Darüber kommt Gold. Mit einiger Mühe kehre ich den Haufen in den Kosmos und versuche mir vorzustellen, wie er davon fliegt. Nur langsam entfernt er sich. Weiter fülle ich mich - eigentlich komplett von oben bis unten mein ganzes Inneres - mit Gold auf. Ich weiß gar nicht, wo diese Angst eigentlich nicht zu finden war. Das Gold, statt der Angst, fühlt sich seltsam, ganz neu in mir an. Fast wie ein Fremdkörper, der aber auf ganz wunderbare Weise mein Inneres ganz sicher und ge-

borgen in sich trägt. Ich hoffe, daß nicht die Angst zurückkommt, und sich dieses Gefühl halten kann.

Innere Bilder

Bilder begleiten uns in unserem Inneren durch unser ganzes Leben. Wir stellen uns Dinge vor, die wir uns wünschen, erinnern uns in Bildern an schöne Erlebnisse oder erleben Erschreckendes immer wieder in Bildern nach. Hören wir jemandem zu, so entstehen sie oft ganz von selbst und fügen sich manchmal zu ganzen Filmen zusammen. Zu den Bildern kommen oft auch andere innere Sinneseindrücke wie Geräusche, Gerüche oder Geschmack. Wenn wir die Augen schließen, können wir uns besser auf diese innere Bilderwelt konzentrieren. Für unsere Selbsterkenntnis ist sie eine wichtige Grundlage, ebenso für unsere Arbeit an uns selbst. Hier zeigen sich oft entscheidende Hinweise zu Ursachen von Problemen.

Im Seminar I konzentrieren wir uns vom ersten Tag an, im Alpha-Zustand die eigenen inneren Bilder zu finden und dabei den eigenen Eindrücken zu vertrauen.

Während ein Teilnehmer nach dem anderen dran ist und interessante Bilder und Geschichten zutage gefördert werden, suche ich verzweifelt in meinem Inneren. Weiß - weiße Farbe - kann das sein? Nein, denke ich mir, weiß - so hatte ich gehört - ist die Ansammlung negativer Gedanken ... das kann ja bei mir gar nicht sein, unmöglich...

Dann eben schwarz, dann lieber das Nichts. Lange blicke ich in das Nichts, ins Schwarz. Dann kommt eine hilfreiche Anregung: Meine Nachbarin hat irgendeine Farbe und kommt nicht weiter.

Was fühlst du bei dieser Farbe? fragt Maria Elisabeth.

Ach - das versuche ich auch. Wenn ich schon nichts sehe, so fühle ich in meine Dunkelheit hinein. Unsicherheit, Ratlosigkeit, Befürchtungen fühle ich. Hmm, schon mal besser als nichts, ein Anfang.

Als ich mich mit diesem Ergebnis zufrieden gebe, lockerlasse, tut sich doch noch etwas: Die Dunkelheit verändert sich, es kommt eine Struktur hinein. Jetzt erscheint es wie ein Bild, ein Kunstwerk, so wie ich sie gar nicht gern hatte im Kunstunterricht - moderne Kunst - matschige Erde auf Leinwand geschmiert, über und über, dann getrocknet. Gefühle? Na ja, eben wie getrocknete Erde auf Leinwand. Ein hellerer Streifen ist auf dem Kunstwerk zu sehen, er durchzieht in der Mitte das Bild von oben nach unten. Was bedeutet er? Meine Nachbarin ist immer noch fleißig dabei, ihr Problem aufzulösen und ich betrachte ratlos weiter das merkwürdige Bild und den Streifen und versuche etwas zu fühlen. Ist es nicht einfach eine optische Sinnestäuschung? Man weiß ja, daß die Sehzellen der Netzhaut bei langer Dunkelheit ihre eigenen optischen Reize erzeugen.

Mit den Händen betaste ich im Geiste die rauhe Oberfläche getrockneter Erde auf Leinwand. Langsam wie durch Zauberhand verändert sich die Fläche in eine leicht lichtdurchlässige Ebene und die Struktur ist ganz zum Fühlen nahe, so als ob ich sie sogar einatmen könnte. Die Oberfläche des Erdbildes verwandelt sich in mehrere transparente hintereinander liegende Schichten, die sich voneinander lösen, einen Abstand zwischen sich erzeugen. Wie auf einer Filmleinwand sind verschiedene Filme darauf projiziert. Nein, nicht wie auf einer Filmleinwand, denn die Darsteller, die Szenen, zeigen sich fast dreidimensional, als ob die Leinwand direkt wie ein Laken über die Geschehnisse gelegt ist. Die Dunkelheit macht es schwierig etwas zu erkennen, es ist die Dunkelheit des Unglaubens, denke ich bei mir, ich glaube mir selbst nicht, was ich da sehen könnte, also verschleiere ich meine eigenen Bilder. Doch die willentliche Anstrengung und der eigene innere Befehl „Glaube!" zieht nicht, es ist wie das Fixieren eines Punktes bei Nacht. Erst durch das Lockerlassen, durch das etwas rundherum und daneben Sehen, entsteht der Eindruck einer zusammengehörigen Szene.

Als Quelle von Inspiration, Weisheit, Rat und Heilung wurden innere Bilder schon sehr lange in allen Völkern benutzt. Oft war es eine besondere Person, die die Verbindung zu den Bildern herstellte oder deren Botschaft entschlüsselte. Priester, Schamanen, Häuptlinge und Hellsichtige arbeiteten seit Jahrtausenden mit inneren Bildern, um ihre besonderen Aufgaben zu bewerkstelligen.

Die inneren Bilder stellen eine einzigartige Verbindung dar. Sie verbinden uns mit unserer Seele, anderen Menschen und Wesen oder auch mit dem Kosmos.

Obwohl mit dem Aufkommen der modernen Naturwissenschaft die Bedeutung der inneren Bilder weitgehend in Vergessenheit geriet, gibt es inzwischen neue Bestrebungen sie für Heilung und Entspannung zu nutzen.

Ein Aspekt ist dabei, daß sich unser Inneres anscheinend sehr präzise über Bilder ausdrücken kann. Botschaften und Einschätzungen sind hier oft wesentlich genauer als in unserem normalen Bewußtsein. Innere Bilder zeigen manchmal sehr umfassend die Aspekte eines Themas, das der Betreffende gerade durchlebt.

Ein anderer Aspekt zeigt sich in den verblüffenden Körperreaktionen, die durch innere Bilder ausgelöst werden können. Die Reaktion des Körpers auf tatsächliches Erleben einer Situation oder „nur" die Vorstellung davon sind beinahe identisch. Die Körperreaktionen, die Ausschüttung von Hormonen und auch die Muskelspannung entsprechen denen bei einer tatsächlich im Außen erlebten Situation. Diese Heftigkeit kann manchmal erschrecken. Gleichzeitig ist sie jedoch hilfreich, weil sie die Tiefe der Verbindung zu einer Situation oder einem Erlebnis ganz eindeutig anzeigt. Umgekehrt lassen sich angenehme Bilder und Erlebnisse jederzeit zur Entspannung nutzen.

Innere Bilder geben uns den Schlüssel zum Verständnis unseres Lebens und der darin wirkenden Regeln und Einstellungen. Die archaische Kunst, diese Bilder hervorzurufen und zu deuten, ermöglicht das Verständnis von Problemen, Überzeugungen und Wünschen sowie das Lösen von Blockaden an ihrer Wurzel.

In einem Seminar von Maria Elisabeth war ein Teilnehmer, der ein sehr deutliches inneres Bild sah. Er hatte das Gefühl immer Wäsche waschen zu müssen und war immer wieder mit dem Füllen der Waschmaschine beschäftigt. Gleichzeitig drohte jedoch die Abfahrt eines Zuges, mit dem er mitfahren wollte. Die Abfahrt rückte immer näher und er versuchte weiterhin mehr und schneller Wäsche zu waschen. Schließlich fuhr der Zug ohne ihn ab. Die Deutung seines Bildes ergab sich direkt aus seiner Situation, war für ihn selbst aber verborgen geblieben. Er arbeitete sehr engagiert in einem helfenden Beruf. So intensiv, daß er sein eigenes Leben, den Zug seines Lebens, verpaßte, während er sich bemühte die Schmutzwäsche seiner zahlreichen Klienten zu waschen.

Im weiteren Seminarverlauf wird bei allen Teilnehmern eine Blockade nach der anderen aufgelöst und fremde Energien abgelöst. So können sie sich schließlich wieder ganz mit ihrer eigenen Energie spüren und ihre eigenen Gefühle deutlich wahrnehmen. Sie sehen sich selbst wieder mit klarem Blick.

Ich bin der Teufel!

Ich sage zu Maria Elisabeth: Jetzt sehe ich einen Spiegel, doch er bewegt sich schnell im Raum herum, ich kann nicht hinein sehen.

Maria Elisabeth sagt: Sag ihm, er soll still stehen!

Ich sage mit bestimmtem Ton: Steh still! Der Spiegel steht still. Doch hat er mir die Rückseite zugewendet, ich kann wieder nicht hineinsehen. Er will sich nicht umdrehen.

Maria Elisabeth sagt: Nimm jetzt deinen ganzen Willen zusammen, er muß, er wird sich dann umdrehen!

Ein Kampf beginnt, ich befehle dem Spiegel sich umzudrehen und mich hineinsehen zu lassen. Sehr widerwillig und zäh dreht er sich, verschleiert seine Spiegelfläche - ich habe Angst - es muß ja jetzt etwas ganz Schreckliches kommen...

Was siehst du? fragt Maria Elisabeth. Er will nicht, daß man hineinsieht, er lacht mich aus, ganz laut und scheußlich, ich sehe jetzt eine Teufelsfratze herausblicken. Oh Gott, schießt es mir durch den Kopf, wenn ich in einem Spiegel eine scheußliche Teufelsfratze sehe, dann muß das ja ich sein, denn ein Spiegel ist immer noch ein Spiegel! Mein Herz pocht.

Du siehst eine Teufelsfratze?

Ja!

Du denkst, du bist in Wirklichkeit der Teufel? so Maria Elisabeths Stimme.

Ja, sagt meine Seele - und zittert vor Entsetzen. Was habe ich jetzt nur angerichtet?

Kommt diese Annahme von dir selbst, daß du der Teufel bist?, fragt Maria Elisabeth weiter.

Nein, sagt meine Seele. Erleichterung, endlose Erleichterung, Dankbarkeit, der Groschen ist gefallen.

Von wem kommt die Annahme, daß du der Teufel bist? höre ich Maria Elisabeth sprechen.

Von meiner Oma, sagt die Seele, denn sie glaubte in Wirklichkeit nicht an Gott und den Himmel, wie sie sagte, sondern an den Teufel und an die Hölle.

Kannst du dann Omas Glauben zurückgeben?

Ja, natürlich, sofort! Ich gebe den Spiegel mit dem lachenden Teufel aus mir heraus und schütte Gold darüber. Er lacht sich dabei kaputt, er hält sich den Bauch vor Lachen, weil ich ihm sein Spielchen mit mir so lange abgekauft habe. Noch während er im Kosmos verschwindet, höre ich sein Gelächter. Aber er ist nicht böse, daß er gehen muß.

Ich sitze völlig verdutzt und reflektiere: Christine hat es im Grunde gewußt, sie ist eine reine Seele. Doch hat ihr die Teufelsfratze immer wieder eingeflüstert: „Und doch bist du im Innersten der Teufel - paß auf vor deinen Gedanken und Taten - sie sind im Grunde böse - paß auf, daß du niemand weh tust - denn du bist böse - was du auch anfängst - es ist verdammt - denn die Wurzel ist böse." Die arme Christine stand immer wie eine Angeklagte zwischen Zweifler und Teufel und mußte ihre Gedanken und Taten rechtfertigen, wo sie doch im Grunde ein Kind Gottes ist und ihr Innerstes gesegnet und gut ist. Sie spürt jetzt eine grenzenlose Freiheit, die sich um sie herum auftut. Eine gute Erkenntnis für heute - Frieden.

Dadurch daß alle Teilnehmer wiederholt in diese Lösung gehen, unterstützen sie sich indirekt gegenseitig. Im Verlauf des Seminars wird die Lösung für alle Beteiligten immer leichter. Nacheinander werden alle Chakren auf diese Weise betrachtet und gereinigt, bis eine durchgehende Klarheit entsteht. Oft zum ersten Mal seit vielen Jahren können die Teilnehmer dann ihre eigenen Gefühle wieder rein und ohne Filter wahrnehmen. Gerade im Kontakt mit anderen hilft ihnen das und läßt sie ihre eigenen Bedürfnisse wieder klar erkennen. Schon im Seminar entsteht für die Teilnehmer die Möglichkeit, nach der Lösung ihrer Blockaden auch ihre gewohnten Verhaltensmuster zu ändern. Besonders diejenigen, mit denen sie sich nicht wohl fühlen. Oft ist dabei der bis vor dem Seminar noch vorhandene Auslöser spürbar. Durch die Auflösung der Störungen öffnet sich nun aber die Möglichkeit, ganz bewußt andere Entscheidungen zu treffen und neue Verhaltensmuster auszuprobieren. Jeder kann sich damit eine ganz neue Lebenseinstellung erarbeiten und bekommt dabei oft, ausgelöst durch seine positiven Veränderungen, Unterstützung von seiner Umgebung.

Gefühle sind der Weg zur Wahrheit

In vielen Religionen und Gesellschaften werden Kinder deshalb als rein und unschuldig angesehen, weil sie durch ihre noch wahren Gefühle dem Göttlichen und dem Ursprung der Schöpfung am nächsten sind.

Die Hexe am Osterfeuer

Ich sehe einen kleinen lustigen Fratz am Osterfeuer. Er ist etwa vier Jahre alt und springt im Garten der Großeltern umher. Dieser ist riesig, es fällt das ganze Jahr über eine Menge Holz an, das die Oma zu Haufen auftürmt. Einmal im Jahr werden diese Haufen aus dem ganzen Garten zusammengetragen und daraus ein großes Osterfeuer gemacht. Wir schleppen und ziehen die großen Äste, wir tragen die kleinen Zweige. Wir werden schmutzig, stechen uns am Reisig, haben am Ende überall Laub und Zweige stecken, die Gesichter sind voller Ruß. Das heißt ... eigentlich nicht wir ... eher ich. Der Papa mag den Dreck und das Feuer nicht, der Osterbesuch bei den Großeltern ist für ihn eher ein Anstandsbesuch, der Opa macht sich auch nicht gerne schmutzig, die feinen Hosen könnten zerreißen. Mein jüngerer Bruder mag die Schlepperei nicht, er verliert die Lust am Zündeln schon nach einer kurzen Weile und sitzt im Gras und spielt.

Die Oma hilft mit, denn das Zeugs muß weg, einmal im Jahr, damit der Garten wieder sauber ist. Als sie merkt, wie eifrig ich am Schaffen bin, läßt sie nach und wagt ein Gespräch mit den Erwachsenen, die in sicherer Entfernung zum Feuer in der Wiese stehen. Und für mich: Es ist das allergrößte Freudenfest für mich, den riesen Haufen Holz, ein mehrfaches höher als ich es bin, Zweig für Zweig, Ast für Ast, das ganze Laub und allen Reisig zu verbrennen.

Erst ist es ein kleines Feuer, durch das Reisig lodern die Flammen schön auf, darüber dickere Ästchen, dann die dicken kurzgehackten Äste und Baumstämme. Diese brauchen lange um Glut zu fangen, Laub darüber und die Luft fliegt voller blinkender und wirbelnder Funken. In der Dämmerung und später in der Dunkelheit ein wunderbarer Anblick.

Gefühle sind der Schlüssel zur Wahrheit. Wenn wir die Wahrheit wirklich erkennen wollen, dann müssen wir ehrlich zu uns selbst sein und unsere tatsächlichen Empfindungen wahrnehmen und akzeptieren.

Unsere echten Gefühle sind häufig verborgen unter Gedanken oder Vorstellungen. Sie sind wie ein zartes Pflänzchen, das man erst bei genauerem Hinsehen erkennt. In unserem Alltagsleben übersehen und übergehen wir sie daher leicht.

Es gibt auch gute wissenschaftliche Erklärungen für diese innere Realität. Betrachtet man unser Nervensystem, so hat nur eine verschwindend geringe Anzahl von Nervenzellen eine Verbindung nach außen. Etwa 99% der Nervenzellen sind nur mit anderen Nervenzellen verbunden, können also nur verarbeiten, was bereits in uns ist und in uns vorgeht. Selbst die Nervenzellen mit einer Verbindung nach außen können nur wenig der bei ihnen eintreffenden Reize bis zur Verarbeitung weiterleiten, da die Gesamtmenge der verarbeitbaren Reize stark limitiert ist. Weniger als ein Prozent der von den Nerven aufgenommenen Reize kommen zur Verarbeitung im Großhirn an. Wir leben also tatsächlich ganz wesentlich in und von unserem Inneren. Dort sind für uns besonders zwei Vorgänge wichtig, das Denken und das Fühlen. Beide sind uns so selbstverständlich, daß wir uns kaum je Gedanken ÜBER diese beiden Abläufe machen. Um uns weiter zu entwickeln, müssen wir aber eben genau das tun.

Die bedeutenden und bewegenden Momente eines Lebens bestehen ganz wesentlich aus Gefühlen. Unsere Gefühle machen sie so bedeutsam und einzigartig.

Wie wunderbar ist das Gefühl verliebt zu sein. Alles ist dann wie in ein ganz besonderes Licht getaucht. Alles, was uns begegnet, erscheint freudig, schön und begeisternd. Körperlich ist es ein Gefühl, als hätten wir Schmetterlinge im Bauch. Scheinbar nichts kann uns dann mehr ablenken oder erschüttern.

Die Tiefe und Gewichtigkeit von Gefühlen kann aber auch erschrecken. Was kann tiefer sein als tiefe Trauer oder tiefer Scherz? Im täglichen Leben versuchen die meisten Menschen daher sich von diesen intensiven Gefühlen fern zu halten, um nicht mitgerissen zu werden.

Die Flammen schlagen höher und höher, doch ist es egal, die Oma hat einen prima Feuerplatz herausgesucht mit genug Abstand zu den nächsten Obstbäumen - und zum Kaffeeplatz im Garten, wo sich alle zum Reden zurückgezogen haben. Heiß wird das Feuer, man muß genug Abstand halten und die Zweige weit in die Glut werfen, um sich nicht zu verbrennen. Hoch schlagen die Flammen, sie recken sich gen Himmel, sie fliegen ein Stück weit in die Höhe, bis sie erlöschen vor dem dunklen Nachthimmel. Wo bin ich? Ich bin das Feuer, ich fühle es genau, ich bin die Flammen, bin die Glut, die alles entzündet. Das Feuer spricht zu mir ohne Worte, ich weiß genau, wo es welchen Nachschub an Holz braucht, an welcher Stelle angebrannte Zweige nachgeschoben werden müssen. Es lodert in mir, ich tanze wild rundherum, ducke mich im dicken Rauch, der herüberweht, die Augen glühen und tränen, mein Geist ist frei wie die wirbelnden Funken.

Andere Menschen sollen nicht sehen können, was in unserem Inneren wirklich vor sich geht. Wir wollen erwachsen und beherrscht wirken, unantastbar sein, und wir haben Angst, daß unsere Gefühle uns angreifbar machen. Schon in früher Kindheit bekommen wir gesagt, daß offen gezeigte Gefühle nicht erwünscht sind.

Unentdeckt von den anderen, gut so, denn sie würden nicht verstehen, daß ich das Feuer bin, sie verstehen überhaupt gar nichts, sie sind eingesperrt in ihren Vorstellungen, was ist und was nicht ist. Daß die Welt transzendent ist, daß man jede Gestalt und das Wesen eines jeden Elements annehmen darf, das können sie sich nicht vorstellen - das ist verboten, sündhaft, und führt ihrer Meinung nach wohl in die Verdammnis. Oh wie schön muß dann die Verdammnis sein, wie süß die Sünde, wie endlos die Dunkelheit. Doch gut, daß sie nichts wissen, wie süß ist dies Geheimnis unbestrafter Schuld.

Jungen sollen nicht weinen, sagt man, auch nicht, wenn sie sich wehgetan haben. „Ein Indianer kennt keinen Schmerz“ ist dann oft die verwendete Redensart der Eltern oder anderer Erwachsener. Mädchen werden schnell zu Heulsusen abgestempelt und für alle gilt es, das „Vorbild“ der beherrschten Erwachsenen zu erreichen. Die Erwachsenen tun das in der Regel einfach deshalb, weil sie selbst nicht in der Lage sind mit dem Schmerz des Kindes umzugehen. Sie können es kaum aushalten, daß das Kind leidet und sie fühlen sich zudem noch von der Umgebung beobachtet und bloßgestellt. Da sie mit ihren eigenen Gefühlen nicht fertig werden, verbieten sie dem Kind einfach zu leiden und stellen damit für sich wieder eine erträgliche Situation her. Dieses Muster wird dann durch endlose Wiederholung von einer zur nächsten Generation weitergegeben.

Für die meisten Menschen bildet sich daraus ein Muster, das zur Vermeidung aller starken Gefühle führt. Damit verlieren sie sowohl die intensiven positiven wie auch die negativen Gefühle.

So entfernen wir uns von unseren eigenen Gefühlen und letztlich von uns selbst. Das Kino oder Fernsehen macht die Gefühle und Tränen, die im Alltagserleben ausgeblendet werden, dann manchmal als einziges wieder spürbar. Der persönliche Bezug geht dabei jedoch leider verloren. Wir weinen oder lachen dann, ohne einen persönlichen Grund dafür zu haben. Die eigene innere Welt verkümmert dabei fast immer unbemerkt. Es gibt so viele Ablenkungen in der Außenwelt, die nach unserer Aufmerksamkeit und Energie rufen. Es ist so leicht diesen Zerstreuungen nachzugeben und sich dabei selbst aus den Augen zu verlieren. Alles erscheint so dringend und attraktiv und unaufschiebbar zu sein. Künstliche Dringlichkeit kommt uns aus vielen Kanälen entgegen, ob wir ein Sonderangebot wahrnehmen sollen oder eine Vergünstigung oder die unzähligen anderen scheinbar nur jetzt angebotenen Verlockungen. So bleibt keine Zeit mehr für uns selbst und unsere innere Welt. Dabei ist doch genau das der Bereich, der uns als Menschen ausmacht. Hier können wir unser Leben in all seiner Tiefe spüren und auch unsere Verbindung zu anderen Menschen und Wesen. Hier sind wir anders als jeder andere und wollen auch so gesehen werden. Wie soll das aber geschehen, wenn wir uns nicht auch mit unserer Einzigartigkeit und unseren Gefühlen zeigen.

Da wir nicht gelernt haben mit unseren Gefühlen umzugehen, sondern sie zu verdrängen und zu verleugnen, sind unsere wirklichen Empfindungen oft gerade entgegengesetzt zu dem, was wir von uns erwarten oder zu fühlen glauben. Wir bekommen etwas geschenkt, das uns eigentlich gar nicht gefällt oder interessiert, „freuen" uns aber trotzdem und verbergen unsere Enttäuschung. Wir bemerken, daß wir von jemandem wahrscheinlich betrogen werden, ignorieren aber unser Gefühl hierzu und gehen auf den Handel ein, denn was nicht sein darf kann auch nicht so sein. Später, wenn sich dann herausstellt, daß wir tatsächlich betrogen worden sind, kommt oft die Erkenntnis, daß wir es ja eigentlich von Anfang an gewußt haben. Dann ist es aber bereits zu spät und wir ärgern uns auch noch über uns selbst. Diese Erfahrung hindert uns jedoch nicht daran beim nächsten Mal wieder genauso zu handeln und wieder unser eigenes Gespür zu verleugnen. Die Geringschätzung unserer eigenen Gefühle und Ahnungen ist beinahe ohne Grenzen. Scheinbar ist es immer noch besser lernresistent zu sein, da das fast alle Menschen der Umgebung auch sind, als seiner eigenen Empfindung zu trauen und sich auch noch danach zu richten.

Daher handeln wir manchmal ganz anders, als es für uns gut wäre. Ganz zum Schluß erkennen wir dann, daß wir eigentlich von Anfang an gefühlt haben, was wirklich für uns richtig gewesen wäre.

Daraus können wir erkennen, daß das, was wir spirituell nennen, von Anfang an da ist und uns immer begleitet. Wir müssen es nur wahrnehmen wollen. Gefühle sind der Ausdruck unserer Seele.

Ist ihre Wahrnehmung nicht blockiert, so zeigen sie uns den Weg, der zum Besten für uns und die anderen ist. Alles, was uns begegnet oder passiert, ruft in uns ein Gefühl hervor. Unser Kern gibt uns damit eine Orientierung, ob das, worauf wir uns zubewegen gut für uns ist oder nicht. Alles, was wir zu tun haben, ist uns selbst zu vertrauen.

Dabei sind diese Botschaften aus unserem Inneren zunächst nur für uns selbst zutreffend. Sie sind die eigentliche Richtschnur unseres Lebens, unser innerer Kompaß. Gefühle sind die Resonanz auf die Wahrheit. Wir haben nichts anderes, auf das wir uns so verlassen können wie auf unsere Gefühle, wenn es um Dinge oder Menschen geht, die uns und uns selbst betreffen.

Leider haben wir in einem langen Anpassungsprozeß gelernt, daß alles, was in unserem Inneren stattfindet, nicht wirklich real ist.

Gedanken, Gefühle, Ahnungen und was da noch so in unserem Inneren passieren mag, sind, so haben wir gelernt, nicht gegenständlich und somit zu vernachlässigen. Es ist daher sehr wichtig sich erst wieder mit seinem Innenleben anzufreunden.

Wir müssen uns zunächst selbst ausreichende Wertschätzung entgegenbringen, um auch unser Inneres anerkennen zu können. Da hier zwei Welten aufeinander treffen, die ganz unterschiedlichen Regeln gehorchen, nämlich auf der einen Seite unsere gut eingeübte und gründlich gelernte „Erwachsenenidentität“ und auf der anderen Seite unser inneres kindlich unschuldiges Wesen, ist Behutsamkeit und Mitgefühl für uns selbst angebracht. Unvoreingenommenes Beobachten der eigenen Gefühle als Reaktion auf unsere Umgebung führt uns unser eigenes Innenleben vor Augen. Es zeigt uns unser eigentliches Ich.

Geduld und Offenheit sind nötig, um die feinen Nuancen unserer echten Gefühle zu spüren, anzunehmen und dann auch danach zu handeln. Dazu ist es unerläßlich einen Raum zu schaffen, in dem sich die Wahrnehmung und der Kontakt zu unserem Innenleben entwickeln können. Beispielsweise kann man am Abend den Tag Revue passieren lassen, nachspüren und offen für die eigenen Gefühle und Eingebungen sein. Auch morgens gibt es die Möglichkeit sich durch Hinwendung nach innen auf den Tag vorzubereiten und Hinweise auf das Bevorstehende zu erhalten. So kann sich die Verbindung zu unserem Inneren auch wirklich im Leben entfalten. Wir wollen auch wegen unseres Inneren geliebt werden und nicht wegen der Gegenstände, die uns umgeben oder nur wegen unseres Körpers.

Mit der Zeit entwickelt sich auf diese Weise auch mehr Selbstverständlichkeit im Umgang mit unserer inneren Welt und wir können uns immer mehr so verhalten, wie es unserem Wesen wirklich entspricht.

Auf der Suche nach uns selbst und unserer Bestimmung haben wir eben genau nur diese inneren, manchmal unfaßbaren Gefühle, Gedanken und inneren Stimmen zur Verfügung.

Ein Seminarteilnehmer schildert es so: „Ich kann mich noch gut daran erinnern, wie ich entdeckt habe, daß beim Gebet oder einer Frage an Gott eine Stimme in mir zu vernehmen war. Erst war ich natürlich davon ausgegangen, daß diese Stimme einfach meine eigenen Gedanken waren. Später merkte ich aber immer wieder, daß da etwas anderes sein mußte. Zu bestimmt waren die Worte und auch die Richtung war ganz eindeutig, auch bei Themen, bei denen ich mir selbst überhaupt nicht sicher war. Mit der Zeit und zunehmender Erfahrung habe ich mich daran gewöhnt, diese innere Realität als genauso konkret anzusehen wie ein Stück Holz, das man anfassen kann."

Bei Gedanken liegt unsere gewohnte Wahrnehmung meist ganz anders. Gedanken werden so selbstverständlich für real genommen. Tatsächlich geht das so weit, daß wir uns selbst mit unseren Gedanken identifizieren. Wir glauben, daß wir unsere Gedanken sind. Im berühmten Satz von Descartes „Cogito, ergo sum" (Ich denke, also bin ich.) wird diese Annahme sogar zur Wurzel der Erkenntnis über die eigene Identität. Tatsächlich sind wir viel mehr als unser Denken. Unsere Gedanken und unsere Überbewertung des Denkens halten uns oft davon ab, das wirklich wahrzunehmen und wertzuschätzen.

Lassen wir das Denken einfach nur zu und erlauben uns einen beobachtenden Standpunkt, so wird der Inhalt unserer Gedanken auch weniger wichtig. Wir können (zumindest kurz) unsere viel größere Identität wahrnehmen und unser wahres Wesen spüren.

Ach ... meint ***Maria Elisabeth*** *... die anderen dürfen nicht wissen, was du empfindest?*

Christine*: Nein.*

Maria Elisabeth*: Warum nicht?*

Christine*: Sie würden es nicht verstehen und nicht gutheißen. Sie würden mir die Freude wegnehmen.*

Maria Elisabeth*: Was denken die anderen, was du da tust?*

Christine*: Die Oma sieht hin und wieder nach mir, sie sagt: Oh wie fleißig ist das Mädchen heute wieder!*

Maria Elisabeth*: Von deiner Freude erzählst du ihnen nichts?*

Christine*: Nein.*

Maria Elisabeth*: Könntest du heute von deiner Freude erzählen?*

Christine*: Was mir wirklich Freude macht, das ist ein empfindliches Gut, denn es wird zu leicht von anderen zerstört. Mit Schuld beladen und in den Schmutz gezogen. Am besten kann ich die Freude genießen, wenn ich sie für mich habe, so bleibt sie heil und ganz.*

Maria Elisabeth*: Aber dies hält dich von anderen Menschen fern, sie können dich nicht verstehen.*

Christine*: Nein, sie können mich nicht verstehen. Wenn ich jemanden anvertraut habe, was ich empfinde, konnten sie mich immer nur bis zu einem bestimmten Punkt verstehen, dann war da eine Grenze, über die hinaus sie nicht kamen. So war es mit Freundinnen, Schulkameraden, Erwachsenen ... Als Kind hatte ich immer das Gefühl, es gäbe keine Grenzen zwischen allem, was existiert. Ich bin der Vogel, den ich soeben am Himmel fliegen sehe und blicke auf die Menschen und Häuser herunter ... ich war der Baum, dessen Wipfel sich im Wind hin und her bewegen und die Blätter, die im Rauschen zueinander murmeln, ich bin die Regentropfen, die auf die Erde fallen und darin versickern, bis sie* *von Wurzeln wieder aufgenommen und emporgesogen werden. Ich bin die Katze, die da hinten über das Feld läuft. Bei meinen Großeltern war ich wochenlang alleine in der Natur, in den Wäldern, ums Haus über die Felder und eins mit allen Lebewesen. Es gab keine Zeit und keine äußere Wirklichkeit, es gab nur den Strom des Lebens.*

Zu Hause in der Stadt lebte ich ein anderes Leben, wie betäubt und an die tatsächliche äußere Wirklichkeit angepaßt. Meine Mutter sagte bei meinen Versuchen, mir eine Flugmaschine für Flüge vom Müllhäuschen zu bauen, ich könne nun einmal nicht fliegen und ich brauche es auch nicht immer wieder zu versuchen. Nun wußte ich aber aus meinen Erfahrungen, daß ich mit den Vögeln sehr wohl fliegen kann und aus Träumen auch selbst. Doch galt ich schließlich mit diesen Vorstellungen für verrückt ... und so sprach ich immer weniger davon und versuchte einzusehen, daß Fliegen nun einmal unmöglich ist. Ich erinnere mich an Träume, in denen ich flog, doch dann sagte ich in diesen zu mir - das geht doch nicht, das weißt du doch -, beendete die Flüge und legte seither meine Wege mit bleiernen Füßen auf dem Boden zurück. Geflogen bin ich seither nur noch heimlich, bis ich mit der Zeit ganz und gar vergaß wie das ging.

Erwachsenen gegenüber und in der Schule war ich ein schüchternes, zurückhaltendes und schweigsames Kind. Lediglich im Pausenhof, fernab von Erwachsenen, hatte ich zwei wichtige Aufgaben: in eine Ecke zurückgezogen erzählte ich Klassenkameraden und anderen Neugierigen wundersame Geschichten und Märchen, die ich gelesen hatte - so sagte ich - in Wirklichkeit aber waren es meine Geschichten von mystischen Gestalten, Dämonen der Unterwelt, unsichtbaren Wesen und übermenschlichen Kräften - eben meine Welt. Diese waren wohl so spannend, daß sie mich jeden Tag wieder baten, die Geschichten weiterzuerzählen.

Zum anderen kamen immer wieder Kinder im Pausenhof zu mir, die von Stärkeren bedroht oder geschlagen wurden und baten mich um Hilfe. Ich war das kleinste und zierlichste Mädchen in der Klasse, doch durch die Wochen in der Natur bei meinen Großeltern, wo ich tagelang in den Bäumen umherkletterte, hin und wieder auch von einer Baumkrone zur anderen sprang (ich war ja manchmal ein Eichhörnchen), hatte ich wohl solch enorme körperliche Kräfte, daß ich selbst als Erstkläßlerin mit Leichtigkeit auch starke Buben der vierten Klasse verprügeln konnte. Diese zog ich dann in eine dunkle Ecke des Pausenhofs und richtete sie sehr übel zu, so daß sie in Zukunft niemand mehr etwas Böses antaten. Petzen war sinnlos, denn die Lehrer, denen die Buben berichteten, dieses kleine, dünne Mädchen hätte sie so verdroschen, bekamen nur einen Lachanfall als Reaktion.

***Maria Elisabeth**: So tust du alle wichtigen Dinge heimlich und behältst alle wahren Gefühle für dich?*

***Christine**: Ja.*

***Maria Elisabeth**: Wäre es nicht schöner, wenn du dich zeigen könntest?*

***Christine**: Doch.*

***Maria Elisabeth**: Warum gibst du Gefühle und die Verletzungen der Eltern und der Großeltern nicht zurück und lebst dein wahres und dein jetziges Leben?*

***Christine**: Ich mache immer wieder die Erfahrung, auch heute, daß Menschen meine Gefühle verletzen. Bewährt hat sich: Sie können nicht verletzen, was ich nicht zeige.*

***Maria Elisabeth**: Wie wäre es, wenn du dich zeigst und diese Verletzungen oder Angriffe registrierst, aber nicht annimmst. Dies ist nicht dein Problem, es ist das Problem des Angreifers. Es wird Streit und Angriffe geben, jedoch mußt du sie nicht für dich behalten, du läßt sie wieder gehen, sie haben nichts mit dir zu tun.*

***Christine**: Ich bin verunsichert bei dieser Vorstellung, ich habe auch Angst davor. Dies alles sind so lang und so gut gehütete Geheimnisse, aufbewahrt und eingekapselt seit meiner frühesten Kindheit. Wenn jemand in mein Herz trifft, so soll es nachher nicht verletzt sein!*

***Maria Elisabeth:** Verletzt ist nur, wer die Verletzung annimmt und behält. Streit, Aggression und Angriffe kommen und gehen. Du bist vorher da und du bist nachher da, so strahlend und rein in Liebe wie vorher.*

***Christine**: Ich versuche mir das vorzustellen. Ich versuche, den Schleier von meiner wahren Persönlichkeit zu nehmen, die Türen* *aufzumachen und aufzulassen - am besten abmontieren. Ich versuche Angriffe und Verletzungen zwar zu registrieren, jedoch sofort wieder ziehen zu lassen. Perfekt werde ich sofort nicht sein können, jedoch Schritte dazu wagen. Es ist schwierig, sich das vorzustellen, denn meine Umgebung ist ja auf das alte Spiel eingestellt und ich weiß nicht, wie sie auf Wahrheit reagieren.*

***Maria Elisabeth**: Sie werden mitwachsen und mitwachsen müssen. Suche alles das, was dich hindert, dein wahres Inneres zu zeigen, nimm es und entferne es. Lege es vor dich hin, überschütte es mit Gold und gebe es zurück an den Kosmos. Fülle die Lücken in dir, die dies verursacht hat, mit Gold auf und fühle, wie sich das anfühlt.*

***Christine**: Gut. Ich rüttle fest an der Tür vor meinem Inneren, sie ist dick, aus Gußeisen und verrostet. Sie wehrte Angriffe, Sturm, Unwetter, Hagel und Verwüstung ab und schützte alles, was darin verborgen war. Doch war das Eisen so dick, daß auch nichts von innen nach außen kam, es war so gut weggesperrt, daß nicht einmal ich selbst dahinter kam, auch mir war der Einblick bislang ver wehrt. Ich hatte keine Ahnung mehr, wer ich bin und welche Gefühle ich hatte.*

Vertrauen

Eines der Dinge, die wir am wenigsten gelernt haben und später am meisten benötigen, ist Vertrauen und zwar zu unserer inneren Welt. Dieses Vertrauen befreit uns von Gedanken an Vergangenheit und Zukunft. Vertrauen läßt uns unsere wirkliche Kraft spüren. Vertrauen bedeutet, uns und unsere Entwicklung mit Ruhe, Geduld und Zuversicht zu betrachten und die Sicherheit zu spüren, daß es so gut ist wie es ist und zu einem Ziel führt. Auch wenn uns dieses höhere Ziel im Augenblick nicht verständlich sein mag, können wir darauf vertrauen, daß es existiert.

Vertrauen hat verschiedene Aspekte:

Der eine Aspekt ist das Vertrauen in unsere eigenen Gefühle und Entscheidungen.

Ein anderer ist das Vertrauen, daß die eingeschlagene Entwicklung gut für uns ist.

Wir haben uns zu einer bestimmten Zeit im Leben und oft auch aus einem bestimmten Grund oder Ereignis zu einer Wandlung gerufen gefühlt. Gehen wir diesem Gefühl nach, so fügen sich oft erstaunliche Dinge zu einer neuen Orientierung, neuen Beziehung oder Heilung. Bewußt wäre diese Entwicklung vorher kaum vorstellbar oder erreichbar gewesen. Jeder Mensch hat in sich eine Kraft, die ihn zur nötigen Wandlung führt. Diese können wir dann annehmen oder nicht.

Der Auszug von Egon, dem Zweifler

Im Seminar stellte ich fest, daß ich leichtes Kopfweh bekam. Kopfweh gehört überhaupt nicht zu meinen gewohnten Leiden, nur selten kann ich mich deshalb beklagen. Es stört bei der geistigen Arbeit im Seminar gewaltig, wenn der Kopf gleichzeitig weh tut. Gerade hier brauche ich einen „klaren" Kopf, denn die Lernschritte und Erkenntnisse sind mir sehr wichtig und entscheidend für mein weiteres Leben. Ich hatte keine Lösung für dieses Problem. So fragte ich am zweiten Tag Maria Elisabeth um Rat.

Sie sagte Geh ins Ei, wir sehen uns das Problem an.

Das tat ich. Ich erzählte:

Also, da ist eine Art Stübchen, Dachstübchen im Kopf, ganz aus Holz mit einer Tür und Fenstern. Dort wohnt ein Zwerg. Bereits am Morgen sitzt er über seinen Büchern. Wenn wir hier dann mit unserer Arbeit beginnen, also z.B. ich bei Astrid nachsehe, was für Bilder kommen, so wird er wütend. Er sagt, das sei überhaupt nicht erklärbar, was hier abläuft. Er blättert in einem dicken Lehrbuch über Verhaltenspsychologie und in einem anderen über Psychoanalyse. Auch in neuroanatomischen und anderen medizinischen und wissenschaftlichen Büchern. Dann wettert er los: In der wissenschaftlichen Literatur und auch empirisch belegt sei es völlig ausgeschlossen, daß man bei einem anderen Bilder sehe, die dessen Innenleben tatsächlich entsprächen. Das seien eigene Projektionen. Die Nervenverschaltungen seien darauf angelegt, mit inneren Bildern Emotionen zu verbinden und bei Emotionen innere Bilder entstehen zu lassen, so entstünden alle diese Trugwahrnehmungen ... eine neuroemotionale ganz natürliche Verschaltung aus Basalganglien und Kortex, eine Kombination früher Prägung, Projektion und Übertragung. Keinesfalls dürfe man sich dann anmaßen, dieses Wirrwarr jemand anderen aufs Auge zu drücken und als Wahrheit zu verkaufen oder womöglich es selbst als wahr zu nehmen ...

So zitiert er laut und deutlich vor sich hin und stört mich enorm bei der Arbeit, mich auf Wahrnehmungen einzulassen, die tatsächlich von meinem Gegenüber kommen und wahr sind.

Im Laufe des Vormittags ging ich dann mit meinem Bewußtsein (Selbst?) zu ihm oben in die Dachstube. Erst bat ich ihn, doch bitte nur heute tagsüber einfach den Mund zu halten. Er könne ja denken, was er wolle, solle aber bitte heute still sein. Wir würden uns heute abend unterhalten. Er guckt mich mürrisch an und lacht hämisch: Ich werde doch nicht stillschweigend zusehen, wie da unten der größte Blödsinn passiert, den man sich vorstellen kann. Ich bewahre dich vor viel Unsinn, einer Blamage, du verrennst dich in Hirngespinste! Ich kann das alles beweisen - und zeigt dabei auf seine Bücher.

Ich sage: Weißt du was, wenn du so uneinsichtig bist, dann schließe ich dir für heute deine Bücher. Ich schließe alle Bücher und stelle sie weg ins Bücherregal. Unterstehe dich, auch nur eines dieser Bücher heute anzufassen.

Der Zwerg wird nun sehr wütend. Während ich mit meinem Bewußtsein wieder in mein erstes Chakra gehe um dort weiterzuarbeiten, sehe ich ihn aus dem Fenster lehnen und höre wie er mir unflätig hinterher schreit: Du wirst schon sehen, eine saubere Blamage, alles Blödsinn, alles Käse, Unsinn. Und so etwas wird auf die Menschheit losgelassen. Eine Irre habe ich unter mir wohnen, schrecklich, vor dem Schlimmsten wollte ich dich bewahren! Etc etc.

Dieses wüste Geschimpfe stört doch sehr bei der Arbeit und der Konzentration. Deshalb ging ich im Laufe des Nachmittags dann nach oben und verschloß die Fenster mit den Fensterläden. Das Geschimpfe war dann nur noch gedämpft zu hören, der Zwerg ist nun super-beleidigt und in der Schmollerei entstehen düstere Wolken um ihn herum. Diese ziehen durch das Zimmer - und verursachen die Kopfschmerzen. Er schafft es damit, die Arbeit - zwar nicht zu verhindern - aber zu erschweren.

Neben der Kraft, die einen Menschen zur nötigen Wandlung führen kann, gibt es darüber hinaus noch das Vertrauen, daß wir auf dem Weg von einer höheren Macht begleitet werden, der unser Wohlergehen und das der anderen wichtig ist.

Unser derzeitiger Blickwinkel mag zu eingeschränkt sein, um über uns selbst hinauszusehen. Vielleicht sind wir auch zu sehr mit dem fast zwanghaften Blick auf ein bestimmtes Problem beschäftigt. Unser Denken kreist manchmal wie verrückt immer wieder um die gleichen Themen oder Probleme. Auch wenn wir wissen, daß diese gar nicht so bedeutend sind, so können wir manchmal davon kaum ablassen. Manche Entwicklungsschritte brauchen einfach ihre Zeit.

Hm, sagt Maria Elisabeth, wie heißt denn der Zwerg.

Ich gehe hoch und frage den Zwerg nach seinem Namen. Er bockt und sieht mich nur voll Verachtung an.

Nicht oben fragen, sagt Maria Elisabeth, frage deine Seele!

Ach ja natürlich, denke ich. Ich frage unten. Egon, steht da.

Und wie ist der Nachname?

Zweifler, sagt die Seele.

Aha, meint Maria Elisabeth, hat Egon Zweifler auch noch einen dritten Namen?

Ratlosigkeit, ich finde nichts...

Etwa z.B. Eitelkeit? hilft mir Maria Elisabeth auf die Sprünge.

Fragezeichen bilden sich, ich verstehe nicht.

Na, hat denn der Zweifler nicht ständig Angst, du würdest dich blamieren, am Ende Unrecht haben, blöde dastehen und beweisen, daß du nichts kannst und womöglich einen Knall hast?

Volltreffer - aber warum Eitelkeit?

Na, wenn er dich vorher immer warnt, zweifelt und blockiert, so stehst du nachher immer gut da, er kann immer sagen - ich habe es gewusst, ich habe es gleich gesagt - er lässt für alle Ausreden immer die Hintertür auf.

Verwirrung in meinem Kopf ... Egon Zweifler ist also ein eitler Fatzke mit vielen Bedenken, Zweifeln, der mich immer bei guter Arbeit mit allen Mitteln blockiert - er putzt mich herunter, er beschimpft mich unflätig, er diskutiert auch fachlich, er ist beleidigend und verletzend - ich will das nicht mehr!

Ja, sagt Maria Elisabeth, dann wird es Zeit, daß er auszieht.

Dieser Satz schlägt im Dachstübchen ein wie ein Blitz. Egon schreit verzweifelt, droht: „Du kannst mich nicht aus dir herausnehmen, ich bin ein Teil von dir, deinem Gehirn. Du kannst schließlich nicht dein Gehirn amputieren, hahaha.“

Geht das? frage ich ungläubig.

Ja, sagt Maria Elisabeth, schicke ihn weg, überschütte ihn mit Gold und gib ihn zurück in den Kosmos.

So einfach geht also eine Hirnamputation, habe ich dann ein Loch im Hirn ...? Doch vertraue ich und mache es. Egon schreit und tobt, klammert sich am Türrahmen fest. Mit hartem Griff setze ich ihn vor mich hin und überschütte ihn mit Gold. Er schimpft und schreit - „Das ist meine Bude, mein Zimmer, meine Bücher!“ Ich gebe ihm noch zwei Bücher mit, eins rechts unterm Arm und eins links. Jetzt schiebe ich den bockigen Zwerg weg, weit in den Kosmos und höre noch in der Ferne sein Geschrei. Uff. Das Dachstübchen ist leer, Stille. Die dunklen Wolken verziehen sich langsam, ich habe die Fenster zum Lüften geöffnet. Dicke Luft hier, aber göttliche Ruhe.

Wie ist das mit dem Kopfweh? höre ich Maria Elisabeth fragen.

Welches Kopfweh, frage ich, es ist wunderbar leicht und still hier oben. Verwunderung - geht das, was hier passiert ist? Warum habe ich mir so viele Jahrzehnte dieses Genörgel angehört? Was für eine Verschwendung von Kraft, Ressourcen, Zeit ... jetzt ist Stille und Frieden im Kopf.

Nur wir selbst können uns die nötige Zeit geben und damit diese Entwicklung unterstützen. Tun wir das, so schaffen wir Ur-Vertrauen.

Ur-Vertauen ist das Gefühl, daß es richtig ist in dieser Welt zu sein, so wie wir sind und zwar genau an der Stelle, an der wir uns befinden. Es gibt einen Grund für unser Dasein, der im Zusammenhang mit der ganzen Schöpfung steht. Wenn wir unserem Weg vertrauen, der genau in unsere Bestimmung führt, eröffnet sich uns der Sinn des Lebens. Natürlich bleibt uns immer die Wahl, diesen Weg zu beschreiten oder auch nicht. Selbst wenn wir von unserem Weg abweichen ist es immer möglich wieder zu ihm zurückzukehren. Wir können darauf vertrauen, daß er immer für uns bestehen bleibt. Es ist richtig für uns in der Welt zu sein und wir sind hier auch göttlich gewollt, auch wenn manche Menschen das Gefühl haben von ihren Eltern eventuell nicht gewollt zu sein. So haben doch auch sie ihre Bestimmung und Aufgabe für sich selbst und für die Welt. Eine größere Kraft als der Wille ihrer Eltern hat sie auf die Welt geholt und wachsen lassen. Sie sind also geboren und groß geworden, weil es eine Bestimmung für sie zu leben gibt. Ob wir diese Bestimmung wahrnehmen und wie wir sie erfüllen, liegt an jedem Einzelnen. Nichts in der Schöpfung ist zufällig. Alles hat seinen Sinn. Das zu spüren bedeutet Ur-Vertrauen.

Haben wir für uns ausreichend Ur-Vertrauen geschaffen, so wirkt sich das auch auf unseren Blick in Bezug auf unser Umfeld aus. Die Botschaften unseres Inneren sind immer auf unser eigenes Bestes und auf unsere Bestimmung ausgerichtet und schließen somit die gesamte Umgebung ein. Je mehr wir unsere Bestimmung ausfüllen und leben, umso besser geht es uns auf dieser Welt. Das gilt für alle Bereiche unseres Lebens, finanziell genauso wie in der Partnerschaft oder auf allen anderen Gebieten.

Sollte aus unserer Umgebung etwas Negatives auf uns zukommen, so können wir auf die Urteilsfähigkeit unserer Gefühle vertrauen. Wir werden es rechtzeitig fühlen und können dann entsprechend handeln. Daher benötigen wir auch keine Kontrolle über andere Menschen oder Mißtrauen ihnen gegenüber. Wenn Dinge geschehen, die wichtig für uns sind, werden wir es wissen. Beispielsweise fühlt ein Partner, wenn der andere sich durch ernsthaftes Interesse an einem anderen Menschen von der Partnerschaft entfernen möchte. Das Gefühl wird deshalb so deutlich wahrgenommen, weil es unser Leben direkt betrifft. Ganz ohne Kontrolle oder direkte Hinweise des Partners nehmen wir diese Dinge wahr, allein nur durch die Verbindung im Gefühl. Allerdings gelingt das nur, wenn keine Blockaden diese Wahrnehmung verzerren. So kann eine Partnerschaft offener und freier für beide Partner gelebt werden. Jeder kann dann leichter in seiner Freizeit etwas mit anderen Menschen unternehmen, ohne daß Kontrolle ausgeübt wird.

Beide wissen, daß sie sich auf ihr Gefühl verlassen können und eine Bedrohung der Partnerschaft im Moment nicht gegeben ist.

Bei der Arbeit mit Gefühlen und ihrer Bedeutung für unser Leben ist es ganz natürlich, daß sich gelegentlich der Zweifler in uns meldet. Er bezweifelt den Wert und die Richtigkeit der Gefühle. Gerne würde er uns wieder in die Welt der negativen Gedanken zurückholen, die uns allen doch sehr vertraut ist. Wir können diese als willkommenen und beinahe unvermeidlichen Wegbegleiter annehmen und dann ziehen lassen. Diese Souveränität und Zuversicht ist äußerst wichtig und entlastet uns ganz wesentlich. Es ist hier wie beim Atmen, die Lösung besteht im Loslassen. Wir benötigen Befreiung von Gedanken und vertrauten Mustern, um eine neue tiefere Orientierung in uns selbst finden zu können. Nur dann können wir wieder Neues aufnehmen und mit neuen Anregungen und Energien zuversichtlich auf unserem Weg weitergehen.

Diese grundlegende Arbeit an den Blockaden im ersten Chakra ist sehr intensiv und nimmt viel Zeit in Anspruch. Meist geht sie in den Seminaren bis zum Dienstagabend.

Zweites Chakra

Etwa eine Handbreit unter dem Bauchnabel befindet sich das zweite Chakra. Im zweiten Lebensjahr bildet sich dort die gesamte Gefühlswelt eines Menschen aus. Die Wahrnehmung der Empfindung entsteht. Damit wird es auch möglich die Empfindung zuzuordnen und auszudrücken. Babys können damit schon die Richtung ihrer Bedürfnisse zeigen. Sie spüren jetzt, ob sie Hunger oder Durst haben und können dementsprechend handeln. Ihre Sinne entwickeln sich und können einzeln wahrgenommen werden. Die Freude, in einer Pfütze zu spielen oder den Sand zwischen den Fingern zu fühlen, entsteht in dieser Zeit. Das Kind wird sinnlich und es kann nun auch sexuelle Empfindungen wahrnehmen.

Menschen, bei denen die ersten beiden Chakren harmonisch entwickelt und frei von Blockaden sind, zeigen sich kreativ, sinnlich, erotisch und fühlen sich unter Menschen sicher und wohl. Sie können leicht genießen, was sich ihnen bietet. Auf andere wirken sie anziehend und interessant. Sie haben ein gutes Verhältnis zu ihrem Körper in seiner sexuellen Ausprägung.

Störungen im zweiten Chakra wirken sich besonders auf die Sexualität und die Geschlechtsorgane, Blase und Nieren aus. Diese Menschen fühlen sich oft als „nicht gut genug“ oder sie haben Angst nicht gut genug zu sein. Eine Blockade kann sich auch in einer dünnen oder auffällig hohen Stimme zeigen. Menschen mit derartigen Störungen sind eher freudlos und verbittert und neigen zu Kritiksucht.

Geschichten aus dem Tempel

Und schon geht es weiter. Konzentration auf das zweite Chakra, das eine Handbreit unter dem Bauchnabel liegen soll. Welche Farbe hat es, so sollen wir nachsehen, und die Frage, ob denn da Blockaden sind. Hätte ich mich vorher nur mehr damit beschäftigt, so wüßte ich, welche Farbe und Inhalte dann dabei herauskommen müßten, in einem „unblockierten“ Chakra - so könnte man das zur Not auch hinbiegen, wenn die Unsicherheit zu groß wird und es gar nicht weitergeht. Da sitze ich nun und soll die Farben aus meinem Inneren erarbeiten, die Blockaden aufspüren, von denen ich doch keine Idee habe. Nur langsam kommen erste Eindrücke. Tastend erkenne ich eine mosaik-

artige Struktur, es werden Wände, Säulen, ein Gewölbe erkennbar. Faszinierend, wo bin ich? Fühlend mit den Händen an der Wand, die Sicht ist auf einen engen Fokus begrenzt wie im schwachen Lichtstrahl einer Taschenlampe mit erlöschender Batterie. Funkelnde, glitzernde Farben haben die kleinen Mosaiksteinchen in wunderschönem tiefen Dunkelblau, auch helleren Blautönen mit kleinen goldenen Mustern dazwischen, durchzogen von bordeaux-lila-farbenen Elementen. Faszinierend! So etwas habe ich schon einmal gesehen, so etwas wie im Flughafen in Dubai, der wohl nach dem Vorbild eines alten vorchristlichen Kuppeltempels gebaut ist. Keine rechten Winkel, weite Gewölbe, gebogene Flächen, Wände und Decken sind allesamt rundlich.

Nun bekomme ich den Schleier der Dunkelheit noch besser zu fassen: Wie ein immer mehr transparent werdender Vorhang, jetzt filigran wie ein Spinnennetz, das ich behutsam zur Seite ziehen kann, ist es mir möglich, ganz unsichtbar einen heiligen Tempel zu betreten. Wie aus einer anderen Zeit, in einem anderen Raum, stehe ich im Eingang. Niemand nimmt Notiz von mir, ich sehe sogar Menschen durch mich hindurchgehen. Warm und wohlriechend ist es rundherum, irgendwo müssen frische Blumen aufgestellt sein, irgendwoher kommen feine Düfte. Ich schließe im Inneren die Augen, nehme die aromatischen Düfte wahr. Leise, wunderbare Klänge einer Tabla-Trommel verhallen wie von weiter weg in einem anderen Raum, erreichen meine Ohren, rufen mich, erinnern mich an irgendetwas, was lange, lange her ist. Irgendwo anders die rauhe Stimme einer einsamen Bambusflöte, die Töne berühren ganz seltsam mein Herz. Was trifft mich hier so sehr in meinem Innersten?

Während ich dastehe und in die Ferne lausche, nehme ich plötzlich noch eine liebliche Klangquelle wahr, direkt neben mir in einer Nische am Eingang. Auf einer bunten Decke sitzt ein Harfenspieler, der in sich versunken besinnliche Weisen spielt, selbstvergessen, nicht wahrnehmend, wer um ihn herum ist, wer vorübergeht, oder wer Halt macht und ihm für eine Weile zusieht und lauscht.

Eine große Kuppelhalle tut sich vor mir auf, ein romantischer, lustig plätschernder Springbrunnen in der Mitte darin. Drumherum laden Tische mit frischen Früchten, süßen und auch deftigen Leckereien und Blumen zum Verwöhnen ein.

Kuschelige Plätze mit dicken Kissen, Fellen oder mit feinen Ornamen-

ten bestickten farbigen Decken verlocken zum Genießen rund um die Tische mit den Köstlichkeiten beim Plätschern des Springbrunnens. Eine Oase zum Wohlfühlen, welche die entspannenden Klänge in sich wirken lassen ...

Was ist hier nur die Botschaft für mich?

Der Vorhang der Dunkelheit lüftet sich weiter. Undeutlich kann ich Menschen und Körper erkennen. Was ich nun sehe, verschlägt mir die Sprache. Es ist unfaßbar, unaussprechlich. Wie kommt das in mein Inneres? Ich werde diese Runde schweigen! Kein Wort sagen ... Vorsichtig blinzle ich und versuche zu erfassen, was hier vor sich geht. Ich muß es ja nicht erzählen, wenn ich an der Reihe bin, denke ich.

Da werden in großzügigen Badebecken, die mit Milch gefüllt sind, zum Entspannen und Wohlfühlen, daß die Haut samtig und weich wird und der Geist sich erholt, Körper sanft gewaschen, gestreichelt und massiert ... manch´ einen überfällt dabei die Lust und er ergreift sich die schöne Masseurin um sie sich gleich im Becken zu nehmen.

Neben den Becken entdecke ich Körper glänzend von duftenden Ölen, sie werden massiert oder geben sich sinnlichen Lüsten hin.

Wo ich mich auch hinwende, überall passieren unaussprechliche Dinge; um den Springbrunnen zwischen den Kissen genießen wieder andere die Leckereien oder schmiegen sich eng zwischen die Körper anderer oder vertiefen sich in die Senkungen menschlicher Körper oder steigern sich in wilde Aktivitäten.

Aber auch hinter den schweren Vorhängen in Nischen und Nebenräumen bevorzugen Pärchen zurückgezogen das Spiel heimlich zu zweit. Niemand, außer den Klängen der Flöte, schleicht sich hinein, sie begleiten und betören in diskreten Weisen. Alles ist hier möglich. Wo bin ich nur?

Was hat das mit mir zu tun? Langsam dämmert mir:

Ich selbst bin hier unter diesen Menschen, ich kann es fühlen, auch wenn ich eine andere äußere Erscheinung habe. Es sind wunderschöne Frauen hier von strahlender Anmut in diesem Tempel, wir sind ganz vertraut miteinander, wir arbeiten, wohnen und leben hier. Heute begrüßen wir neue Gäste, führen sie durch den Tempel, weihen sie in die Geheimnisse hier ein, waschen sie, streicheln sie, massieren sie und versuchen ihre geheimsten Lüste zu ergründen. Manchmal kommen auch Frauen zu uns, auch sie werden liebevoll und zärtlich aufgenommen.

Manche Gäste lieben es, unsere Körper zu spüren, den Klängen zu lauschen und rundherum in Berührung samtiger Haut und duftender Haare zu schmeicheln, egal welchem Körper diese Eindrücke zuzuordnen sind. Versunken im Meer der sinnlichen Erfahrungen wiegen sich die Körper, hingegeben einer eigenen Kraft wie die eines tiefen Sees, einmal tosend und stürmisch, dann wieder friedlich, klar und ruhig.

Da gab es zweierlei Begegnungen, wenn man es so nennen will. Natürlich hatte jede von uns so ihre Vorlieben - eine lieber große, muskulöse Männer, andere lieber feingliedrige, schlanke, wieder andere wählten nach Fertigkeiten und Künsten der Männer, wenn sie sich in die Lust begaben - so gab es Bevorzugungen von groben, schnell handelnden Männern oder von Liebhabern, die ihrer Lust endlos und sehr kunstvoll frönten.

Im Tempel jedoch waren Bevorzugungen unwichtig, der Zustand der Lust rein und ungetrennt. So kamen verschiedenste Gäste, große und kleine, dicke und dünne, welche mit vollem lockigen Haar oder lichtem glatzigen Schädel. Egal ob der Po schlaff, die Bäuche dick und wanstig, die Brüste knochig - hier zählte nur die Lust - und in dieser waren sie alle liebenswert.

So bevorzugte der sympathische dicke Gast, der kaum über seinen Bauch hinaussieht, mit ungemein guter Stimmung, viel Humor und lautem Gelächter die Leckereien von unseren Körpern zu genießen, zu schlürfen und zu schlecken, liebte es an fünf Brüsten gleichzeitig zu schmausen, kneift und klatscht uns auf die Popos. Die Abende mit ihm sind heiter und sehr lustig und meist schläft er volltrunken, aber sehr glücklich unvollendeter Dinge zwischen unseren Rundungen ein, um mit tösendem Geschnarche den Rest der Nacht die Musik zu untermalen.

Ein anderer, den wir auch sehr liebten, bot stets eine wunderbare Abwechslung: Ein hoch gewachsener, kräftiger Mann, mit rassig geschnittenem Gesicht, kam immer ganz allein, wie ein Löwe auf der Pirsch, schon voller Erregung, noch bevor er den Saal betreten hatte. Wild stürzt er sich auf ein unschuldiges Opfer, zerrt die Schöne in eine versteckte Ecke, um sie ausgiebig liebevoll und sehr gekonnt zu liebkosen und ihre Lust und Leidenschaft anzuheizen und zu steigern. Keine Nische eines weiblichen Körpers läßt er dabei aus. Meist gesellen wir uns noch zu zweit zu ihr und zu ihm, denn in den Künsten der Luststeigerung schätzen wir ihn sehr und es möchten noch mehrere teilhaben. Wenn er zufrieden ist mit seinem Werk und die Glückliche im Halb-Delirium zu seiner Verfügung danieder liegt, so dringt er dann mit leidenschaftlichem Getöse in die Begehrte ein. Er arbeitet mit voller, nicht überhörbarer Hingabe bis zu seinem Höhepunkt. Leider übertönt nur die Lautstärke seiner Lust das körperliche Ereignis, das nun folgen könnte, denn seine fleischliche Männlichkeit ist von einer Winzigkeit, daß jegliche körperliche Sensation ausbleibt. Hier sind die Begleiterinnen doch sehr wichtig und hilfreich, mit Streicheln und Liebkosen der Geliebten die Sensation zu unterstützen, die er erwartet, daß die Beglückte nun erleben könnte, was sie zu seiner Befriedigung auch lautstark verkünden sollte.

Oder es gibt den Schüchternen, der sehr verschämt und bescheiden sich am Rande der Festgesellschaft umherdrückt, bis wir ihn entdecken. Es empfiehlt sich ebenso schüchtern, auf ihn zuzugehen, denn ansonsten verschwindet er verschreckt ebenso schnell wie er aufgetaucht ist. Ein unschuldiger Flirt beginnt, unscheinbar verschwinden die beiden Liebenden in der Dunkelheit. Bescheiden die Berührungen, schlicht das Vorspiel. Dann jedoch kommt seine gewaltige Überraschung zutage - was er nicht weiß, ist, daß seine beeindruckende Männlichkeit keinen Vergleich findet und einen Orkan an Lust in der Beglückten hervorruft. Doch keinen Laut, hier ist stiller Genuß angesagt, ansonsten zieht er sich bestürzt zurück mit der Sorge, er hätte etwas Falsches getan. Der wilde Tiger, die sich windende Schlange, die er in seiner Dame erzeugt, die nun schreien, kratzen, würgen und wild um sich schlagen möchte, muß unter Kontrolle bleiben, muß schweigen, sonst wäre dieser unser Gast für immer für uns verloren. Immer wieder ist der Schüchterne sehr beliebt unter uns, so daß im Vorab meist ausgehandelt wird, wer heute Nacht die Glückliche ist.

Verschiedene Männer spielen ihre verschiedenen Lieblingsspielchen, so der, der am liebsten zuerst verhüllt und versteckt, dann vorsichtig dahinter späht, schließlich die Hüllen wieder fortreißt und erstaunt darunter die nackten Körper erblickt. Dies Erstaunen erregt ihn so sehr, daß er nicht mehr an sich halten kann und über die Begehrte herfällt als sähe er sie das erste Mal, einen nackten weiblichen Körper das erste Mal, und mit ungemeiner Leidenschaft verschlingt.

Anstrengend sind die Gäste, die kommen, um ihren Artgenossen und uns zu zeigen, was sie für tolle Hengste, für gute Liebhaber sind. Hier ist nicht die Lust das Leitmotiv, sondern der Stolz - und Stolz ist ein nicht leicht zu erregendes Element und führt nur schwer zu Lust und zu wahrhaft lustvoller Vereinigung. Doch auch diese werden liebevoll aufgenommen, mit vollem Respekt angenommen, mit Hingabe verführt. Manche schließlich schmelzen unter unseren Künsten und der Ehrlichkeit der Hingabe unserer Körper und Stolz und Arroganz fällt von ihnen ab wie ein alter Mantel. Diese kommen ein nächstes Mal als andere Menschen zu uns.

Andere wiederum kommen auch um sich mit uns zu unterhalten. Es gibt hervorragende Geschichtenerzähler unter ihnen, die geschickt allerlei Sinnliches, Phantastisches und Erotisches erzählen, bis wir Erzählung und Tatsächliches kaum mehr unterscheiden können. So erhitzt genießen sie die Stimmung, immer weiter erzählend und intime Dinge ansprechende Phantasien, bis es im virtuellen Raum mit virtuellen Körpern zur Ekstase kommt. Wir halten uns aneinander fest, lauschen mit Spannung, vergessen Zeit und Raum. Ich weiß nicht, wie diese Gäste, die nichts und niemanden körperlich berühren, schließlich ihre Spannung entladen - vielleicht ergießt sich der Vulkan ganz heimlich im Versteck...

So hat doch die männliche Lust und der Trieb in all seiner Verruchtheit und vielgestaltigen Phantasie fast eine Unschuld, eine Reinheit seines Wirkens. Wir tauchen in diese Welt, schürfen und graben nach versteckten Schätzen und finden doch immer wieder die dahinter verborgene Welt, die Sehnsucht nach der Einheit, der Hingabe, der Explosion und der Entspannung, der Vereinigung der Gegensätze, dem Fließen allen Seins.

Innen ist außen und außen ist innen, nichts und alles ist real. Die Grenzen werden transparent, ein Körper ist nicht mehr ein Körper, ein Körper fühlt sich nicht mehr wie ein einzelner Körper. Vielmehr nähern sich hier die Kräfte pulsierenden Lebens, lebendig schlagender Herzen, Körper entfesseln ihre Leidenschaft und sprechen zueinander in wortloser Begegnung. Der Geist schweigt, das Denken löst sich auf im universellen Kosmos, das Einssein, das sich selbst erklärt. Wir begeben uns in die Zeit vor dem Urknall, begeben uns wieder und immer wieder mitten hinein. Oft ist es die sanfte Berührung, die verführt, die anleitet, zur Mitte zu finden, zum Gefühl, zur Zartheit des

Seins, zum Kern des Wesens, weg von der Rauheit des harten Lebens. Manchmal ist es die stürmische Lust, die packt und greift, sich in die Wogen zu stürzen und alles Denken hinter sich zu lassen. Ein Griff in die Haare, ein Reißen, ein Schrei - heraus aus dem Gefängnis der Realität, hinein in die Offenheit der Sinne, des einen Seins.

Dann ist Stille - Lichter und Klänge und Eindrücke, alles erlischt. Geschlossen wird unser Tempel nun für die Gäste.

Wunderbar ist die genußvolle Zeit in den frühen Morgenstunden, wenn die Gäste gegangen sind, die Musik verstummt ist. Entspannung ist nun angesagt, ausklingen lassen, nachfühlen ... Die sanften Rundungen eines weiblichen Pos eng am eigenen Bauch zu spüren, die Brüste an die geschmeidige Haut des Rückens geschmiegt zu fühlen... und nichts zu tun, einfach nur fühlen. Genußvoll und voller Frieden bleiben wir noch aneinandergeschmiegt, tief und entspannt der Atem einer Vertrauten in meinem Nacken. Die Schamhaare ihres Venushügels kitzeln im Rhythmus ihrer Atemzüge an meinem Oberschenkel. Erstes Morgengrauen blinzelt vorsichtig durch die Fenster, die ersten Vögel beginnen zaghaft übend ihr Lied.

Wir nehmen uns an der Hand, gehen hinaus in die Gärten, genießen das Aufgehen der Sonne, liegen entspannt in der Wiese und fühlen den Tau im Gras. Die Kinder sind aufgestanden, toben und springen und tummeln sich lachend in den Gärten, auf den Wiesen und unter den Bäumen. Es sind unsere Kinder, egal welches von wem, alles unsere, jedes wie das eigene. Wir sind so glücklich über die ganze Fülle des Lebens, die Lust, die Sinnlichkeit, die Fruchtbarkeit. Leben ist Leben, erzeugt wiederum Leben, gibt Leben weiter, wenn das eigene erlischt. Wir arbeiten in den Gärten, pflanzen und ernten, holen frische Früchte von den Bäumen. Später erst ist Zeit zum Ruhen, bevor am Abend der Tempel wieder öffnet.

Es ist wie ein Auftauchen aus einem tiefen Wasser, wie benommen komme ich von diesen Eindrücken wieder zu mir. Wie werde ich dies wohl in der Runde wiedergeben? Während ich noch überlege, bin ich dann doch an der Reihe. Mit starkem Herzklopfen versuche ich alles so diskret wie möglich zusammenzufassen, was ich gerade erlebt habe.

Nach meiner Erzählung ist ein unaussprechlich langes Schweigen, das ich kaum aushalten kann.

War das so verständlich, frage ich Maria Elisabeth.

Verständlich genug, meint Maria Elisabeth amüsiert, nicht wahr Valentin, fragt sie meinen Nebenmann. Sind wir mit in Christines Ei gewesen?

Er atmet schwer - nun ja, meint er, es ist gut vorstellbar, dieser Tempel, die Vorhänge, ich würde es in einer der Nischen hinter den Vorhängen bevorzugen.

Dann ist wohl jetzt die Luft raus, kommentiert Maria Elisabeth. Ich glaube, das werden wir jetzt lassen und Valentins Thema dann nach der Mittagspause angehen. Und läutet damit die Mittagspause ein. Nun stehe ich doch sehr befangen da, völlig entblößt vor allen anderen Teilnehmern. Andere hatten zwar auch Probleme mit Papis Penis in ihrer frühen Kindheit gehabt, oder Kindheitserlebnisse, als sie den elterlichen Geschlechtsverkehr mitbekamen - einen ganzen Orgientempel jedoch ... das ist eine gewaltige Bürde zu tragen.

Das Mittagessen mit den Teilnehmern ist in der Tat an diesem Tag heiter und ausgelassen. Es gehen schlüpfrige Witze herum, man guckt wissend und grinsend zu mir herüber.

Was guckt ihr, sage ich, ich bin seit 20 Jahren glücklich verheiratet und bis heute treu.

Ja, antwortet Ramona, mit so vielen Schweinereien im Kopf ist euch auch sicher nicht langweilig geworden. Die Gute hat nichts verstanden, denke ich bei mir, wenn sie das nur als Schweinereien abtut.

Nur Maria Elisabeth hat mich wirklich verstanden, so habe ich das tröstliche Gefühl. Liebe ist für mich etwas Heiliges, Ekstase ist ein Übergang vom Eins-Sein zur Vielfalt und wieder zurück. Jeder von uns, zumindest vor der Zeit der künstlichen Befruchtung, ist durch die lustvolle Verbindung zweier Menschen entstanden. Das ist die Sprache des Lebens selbst und immer bei jedem von uns und in allen Zeiten gegenwärtig - nicht etwas Schmutziges, das nur verdorbene Menschen im Kopf haben.

Während der Bearbeitung des zweiten Chakras wächst das Zusammengehörigkeitsgefühl der Gruppe ganz erheblich. Jeder weiß vom anderen die intimsten Dinge und fühlt sich verstanden. Die Teilnehmer müssen sich und ihre Gefühlswelt in keiner Weise mehr voreinander verbergen, alles liegt offen. In den Pausen geben sie sich gegenseitig Beistand und wenn nötig auch Trost. Diese gefestigte Vertrauensbasis ist wesentlich für die nun anstehende Arbeit im dritten Chakra, die meist am Donnerstagmorgen beginnt. Hier geht es um die Persönlichkeit - um das Ich. Vertrauen, Ehrlichkeit und absolute Offenheit sich und seinen Eigenheiten gegenüber ist wichtig um dieses Thema bewältigen zu können. Ab diesem Zeitpunkt ist allen Teilnehmern klar, daß jeder Einzelne gekommen ist, um am Innersten seiner Persönlichkeit zu arbeiten und bei sich etwas zu verändern.

Ehrlichkeit, Wahrheit & Wahrhaftigkeit

Es gibt viele Abstufungen der Unehrlichkeit sich selbst und anderen gegenüber. Aber es gibt nicht nur viele Abstufungen der Unehrlichkeit, sondern auch unendlich viele Wege sie zu lernen, zu üben und sie als Wahrheit auszugeben. Darin sind wir als Gesellschaft und als Einzelmenschen sehr gut. Vieles denken wir uns aus, um der unbequemen Härte der Wahrheit zu entkommen. Doch es gibt letztlich kein Entrinnen. Die Wahrheit holt uns ein, früher oder später und jeder weiß das. Es ist eine wichtige Aufgabe das zu erkennen und sich damit auseinanderzusetzen. Es geht um nichts anderes als um das Vertrauen und die Treue zu uns selbst. Da sich die meisten Menschen schon so weit von sich selbst entfernt haben, ist die Rückkehr oft ein langer und rauer Weg. Doch bei uns selbst sind wir zu Hause und hier gehören wir hin. Nirgendwo sonst. Auf unserem Weg können wir nur lernen ehrlich zu uns selbst zu werden und zu bleiben.

Drittes Chakra

Hier ist das ICH beheimatet. Im dritten Lebensjahr entwickelt sich die Persönlichkeit und die Wahrnehmung für die eigene Person. Wenn das kleine Kind sich im Spiegel sieht, sagt es nun „ich" zu sich. Bis dahin hat es sich höchstens mit dem Vornamen benannt. Die Unterscheidung von eigenen Wünschen und denen anderer bildet sich heraus. Das Kind spürt jetzt die eigene Existenz. Ein „ich bin" ist entstanden. Ab jetzt können die Gefühle der anderen von den eigenen abgegrenzt werden.

Die Entwicklung des eigenen Wollens beginnt und damit entstehen Konflikte mit der Umgebung. Ab diesem Zeitpunkt lernt das Kind sich in seine Umgebung oder in eine Gruppe einzufügen und gesellschaftsfähig zu werden. Es lernt den Vergleich mit anderen. Wenn die Orientierung am Außen beginnt, entsteht das Ego. Das ist der Teil der Persönlichkeit, der sich außerhalb orientiert und dabei das Außen als wichtiger erachtet als die eigenen inneren Gefühle und Wünsche. Daraus ergeben sich viele Anlässe zu Konflikten und es können Ängste entstehen.

Menschen, deren drittes Chakra harmonisch entwickelt und frei von Blockaden ist, sind klar in ihrer Wahrnehmung und erkennen instinktiv, was für sie wichtig ist. Sie sind voller Energie und Tatendrang, dadurch erwerben sie eine Weisheit, die aus ihren eigenen Erfahrungen erwächst. Auch können sie gut mit Gefühlen umgehen und gestalten mit Freude ihr eigenes Sein.

Bei Blockaden im dritten Chakra richten viele Menschen ihr Leben an ihrer geglaubten Daseinsberechtigung aus. Sie meinen dieses und jenes tun zu müssen, um sein zu dürfen und anerkannt zu werden. Ihr Leben ist überwiegend auf nutzbringende Tätigkeiten ausgerichtet und nicht an Freude orientiert. Sie glauben erst dann ihre eigenen Wünsche oder Bedürfnisse anerkennen zu dürfen, wenn alle anderen wichtigen Aufgaben erledigt sind. Da sie das jedoch kaum jemals schaffen, kommen ihre eigenen Bedürfnisse und Lebensvorstellungen oft zu kurz. Sie werden zum Spielball der Ereignisse um sie herum. Unsere Gesellschaft fördert diese Störungen noch und belohnt dieses Verhalten als „Pflichtbewußtsein" oder „Fleiß". Körperlich zeigen sich bei diesen Menschen häufig Störungen im Magen- und Darmbereich.

Was auch immer wir tun, wir können es aus sehr unterschiedlichen Gründen tun. Meist sind die Gründe jedoch sehr nahe liegend. Ob wir anderen Menschen helfen oder versuchen möglichst viel Geld mit einem Geschäft zu verdienen: meist ist unser Ego der eigentliche Antrieb. Unser Ego flüstert uns ein, daß wir dieses und jenes tun müssen oder dieses oder jenes besitzen müssen, um dann endlich glücklich zu sein. Haben wir dann diese Ziele erreicht, hält sich das Gefühl der Erleichterung nur für sehr kurze Zeit und dann beginnt die Spirale des Wünschens und Wollens von neuem. Natürlich suggeriert uns die Stimme unserer Egos jedes Mal immer überzeugender, daß es dieses Mal ein ganz besonderes Ziel ist und dessen Erreichen eine wichtige Bedeutung für unser Leben hat. Auch spielt es uns vor, daß wir damit endlich zufrieden und glücklich wären.

Für das Leben des Einzelnen kann diese Kette von Ego-Versprechen und die sich daraus ergebende Rastlosigkeit fatal sein. Eine befreundete Ärztin z.B. stellte immer wieder ihre persönlichen Bedürfnisse hinter die beruflichen. Am Anfang wollte sie ihr Studium abschließen, das sie etwas später als die anderen angefangen hatte. Dann könne sie über eine Partnerschaft und Familiengründung nachdenken, meinte sie. Als sie ihr Staatsexamen in der Tasche hatte, ging es nur noch um die Zeit als Arzt im Praktikum, die unbedingt noch abgeschlossen werden sollte. Als sie diese wiederum hinter sich hatte, konnte sie sich in die Laufbahn zum Facharzt begeben. Diese würde zwar sechs bis acht Jahre dauern, danach aber, war sie sich sicher, würde sie sich ganz bestimmt um eine langfristige Partnerschaft und um die Familiengründung kümmern. Es kam natürlich wieder anders, da sich ihr nun mit dem Facharzttitel die Möglichkeit einer Niederlassung mit einer eigenen Praxis bot. Bis die Kredite für die Praxis abgezahlt sind, also in etwa fünf bis zehn Jahren, ist natürlich nur die Arbeit in der Praxis von Bedeutung...

Wenn es auch nicht bei allen Menschen so augenfällig ist, so sind die Wünsche unserer Egos nach Anerkennung, Macht, Wohlstand etc. doch sehr mächtig. Sie sind fast immer endlos, auch wenn sie nicht immer so erscheinen. Ihnen zu entkommen oder sie wenigstens gelegentlich als solche zu erkennen, ist eine Herausforderung.

In unserer Gesellschaft gilt es als positiv, wenn sich jemand sehr intensiv mit einer Sache beschäftigt, so daß sie praktisch sein Leben bestimmt. Leider geschieht das meistens, um Anerkennung, Geld oder Macht zu erreichen und nicht um der Sache selbst willen. So wird unser Ego zum natürlichen Feind unserer Persönlichkeit.

Die Melancholie und der Bischof

Grün, eine dicke grüne Wand ... sonst nichts. Hmm, denke ich, etwas mehr als Grün müßte schon zu erfahren sein. Geräusche kommen aus dem dichten Grün, etwa wie „rall, rall, witt, witt, tsiii ...“ und wieder „rall, rall, witt, witt, tsiiii...“. Die grüne Wand verrät nun mehr und mehr Details: satte grüne Blätter, ein dichter grüner Wald zeigt sich, gute, frische Luft und wundersame Tiergeräusche aus dem Dickicht. Ein Genuß, hier zu verweilen und den Naturgeräuschen zu lauschen. Wahres Leben strömt so durch Augen und Ohren in mich hinein. Ich blicke auch nach oben in den Himmel: ein wunderbarer Sommerhimmel, strahlendes, klares Blau mit kleinen weißen Flöckchenwolken dazwischen, die gemächlich über den Himmel ziehen. Kraniche fliegen vom Seeufer auf und kreisen über den See vor dem dichten Wald. Eine idyllische Naturlandschaft, die den Betrachter zum Verweilen einlädt, die Augen und der Geist erholen sich und ruhen... eine wahre Kraftquelle.

Langsam schweift der Blick über das großzügige geschwungene See-

ufer, das dicht mit Schilfgras bewachsen ist. Fein kräuselt sich die Wasseroberfläche vom leichten Sommerwind. Ein schöner See inmitten der Natur, denke ich, und lasse die Blicke über die Oberfläche gleiten. Doch erschrecke ich beim genauen Hinsehen: Was ist das? Das Wasser ist rabenschwarz, tiefschwarz wie eine mondlose Nacht. Magisch werde ich mitten hineingezogen, rasend schnell in die Tiefe. Das schwarze Wasser haftet und klebt an mir, dringt in meine Lunge, ich bin am Ertrinken, in jedem Moment wieder und wieder. Schwarz, träge, die bedrohliche Masse schwer und trügerisch, - ich drehe und winde mich und versuche wieder an die Oberfläche zu kommen. Doch geht der Weg direkt zum Grund. Schluckend und erstickend wie an Tränen würgend, kommt in der Dunkelheit eine Traurigkeit, Schwermut, eine Melancholie auf mich zu, ergreift mein Gemüt, füllt es vollständig aus. Hin und her winde ich mich herum und versuche auszukommen, drehe mich aber tiefer hinein. Schwer umhüllt mich die Dunkelheit, bis ich den Widerstand aufgebe.

Habe ich einen ganzen See voll Melancholie geweint? Über das Leiden am Dasein? Über die Tragik des Lebens, daß alles leidet und vergänglich ist? Leben wir auf das Sterben hin in einer nie abreißenden Kette von Leid und Schmerz, ist dann alles sinnlos?

Lebensfreude, Gesundheit und Selbstwert

Wir leben in einer Welt und Kultur, die eine besondere Vorliebe für Probleme hat. Wo wir hinsehen, sind oder entstehen Schwierigkeiten, Probleme und Konflikte. Viele Menschen halten das für die „Realität“, ohne zu bemerken, daß wir immer auch selbst Anteile an dieser Wahrnehmung haben.

Einer der wesentlichen Unterschiede zwischen dem Menschen und anderen Lebewesen ist die, daß bei uns zwischen einer Wahrnehmung (oder einem Reiz des Nervensystems) und unserer Reaktion darauf eine (mehr oder weniger bewußte) Verarbeitung stattfindet. Dabei ordnen wir die Wahrnehmung in unsere bestehenden Erfahrungen ein, bewerten sie und wählen dann eine für uns passende innere und äußere Reaktion aus.

Besonders wichtig ist dabei die innere Reaktion, also was wir innerlich zu uns sagen, was wir für Gefühle daraufhin entwickeln und wie wir damit ein Erlebnis in unserem Gedächtnis abspeichern.

Damit entscheiden wir uns, ob wir uns gut in einer Situation fühlen oder nicht, ob wir uns gerne oder ungern daran erinnern etc.

Wir haben immer die Wahl, wie wir etwas betrachten und daraus unsere Gefühle erzeugen. Auch scheinbar eindeutig negative Erlebnisse können ihre positive Botschaft, ihren Wegweiser zu Wachstum und Entwicklung beinhalten, wenn wir nur genau genug hinsehen.

Das Ziel ist die gelungene Kombination von Entwicklung, Lernen und dem „guten“ Leben. Wir dürfen und sollen uns wohlfühlen bei dem, was wir tun. Und umgekehrt sollen wir auch das tun, bei dem wir uns wohlfühlen. Spirituelles Wachstum zeigt sich auch und gerade daran, wie weit wir lernen uns mit unserem Leben gut zu fühlen. Handeln wir aus der Liebe heraus, so wird das auch auf andere Menschen ausstrahlen. Das führt auch zu einem guten finanziellen Einkommen oder materiellem Wohlstand. Diese Kombination gelingt nur dann, wenn unser Tun zum Besten für uns selbst und zum Besten für die anderen - also zum Wohle aller ist.

Schwarz, alles schwarz um mich herum. Voller Gefühle von Schmerz. Was ist das? Wie komme ich da heraus? Ratlosigkeit.

Schau genauer hin, sagt Maria Elisabeth. Was ist dort genau?

Ich blicke an mir herunter. Schwarz. Ein Geräusch, als ob schweres Eisen aneinanderschlägt. Schwere Ketten hängen an meinen Füßen. Sie schmerzen, ich kann mich nur langsam schleppend vorwärts bewegen. Dicke Schnüre, die meine Handgelenke zusammenfesseln. Wo bin ich, was bin ich? Von den Fesseln und Ketten blicke ich auf und erschrecke: Wir sind auf dem Weg zum Scheiterhaufen, rechts und links begleiten mich Kapuzengestalten, alles ist vorbereitet für meine Hinrichtung. Verbrannt werde ich heute, ich bin eine lebenslustige junge Frau, volle rotgoldene Locken säumen mein Gesicht. Was habe ich getan, warum muß ich heute sterben? Auf der einen Seite des Platzes lärmt die schaulustige Menge, auf der anderen Seite sind sehr ernst die Vertreter des Kirchengerichts. Vorne der Bischof. Ein Stich geht mir durchs Herz: Er ist es! Ich empfinde Liebe für den Bischof, auch er hat sein Herz an mich verloren. Im einsamen Kämmerchen ist er hin und her gelaufen und hat überlegt, wie er sich entscheiden soll. Macht und die Bischofsstellung oder die Liebe zu einer jungen Frau ohne Rang und Namen. Er müßte sein Bischofsamt verlassen, wegziehen als ein Niemand und arbeiten gehen. Nein, Liebe ist nicht genug, wiegt nicht Macht und Reichtum der Kirche auf. Die Liebe muß sterben - Sie ist eine Hexe! So wurde Gericht gehalten und mein Tod beschlossen. Und ich schwimme in Melancholie dahin, niemals mehr glaubend, daß Leben etwas anderes ist als schwermütige Liebe und süße Melancholie. Warum hat er mir das angetan, warum hat er sich für meinen Tod entschieden?

Wer hat sich für deinen Tod entschieden? fragt Maria Elisabeth.

Was für eine Frage: Der Bischof hat über meinen Tod entschieden.

Noch einmal sagt Maria Elisabeth: Nein, der Bischof kann nicht über deinen Tod entscheiden.

Immer noch verstehe ich Maria Elisabeths Frage nicht - Natürlich hat der Bischof das Urteil gefällt, durch das ich auf den Scheiterhaufen ging und mein Leben verlor.

Ich verstehe nicht ... sage ich.

Gehe hinunter in dein erstes Chakra und frage dort, wer über deinen Tod entschieden hat.

Verwirrt gehe ich hinunter in das erste Chakra. Was ich dort sehe, will ich nicht glauben: Dort steht wie mit Schreibmaschine geschrieben: „Ich.“ Das kann nicht sein.

Ich sage, dort steht „Ich“ geschrieben. Wie kann das sein?

Maria Elisabeth fragt: Hast du selbst entschieden, auf dem Scheiterhaufen zu sterben?

Nein! rufe ich, doch steht in meinem Chakra geschrieben: „Ja“. Ja, steht dort, sage ich. Ich habe wohl über meinen Tod selbst entschieden.

Ja, sagt Maria Elisabeth, die Seele entscheidet IMMER selbst, wann sie ein Leben verläßt. Niemals ein anderer. Du hast selbst entschieden, daß du aus diesem Leben gehst, vielleicht, weil sich der Bischof gegen dich entschieden hat.

„Ja“ steht in meinem ersten Chakra. Was mache ich nun mit meiner selbst geschaffenen Melancholie?

Entferne dieses Gefühl, überall, wo es in deinem Körper ist, überschütte es mit Gold und gib es zurück in den Kosmos.

Wo überall ist die Melancholie? Ich kann sie kaum lokalisieren, wie dunkle Nebelschwaden überall etwas. Ich gehe zurück zu meinem See. Hier ist sie, der ganze See ist voll schwarzem Wasser. Wie aus der Badewanne ziehe ich unten den Stöpsel heraus und die schwarze Masse fließt ab. In ein großes Behältnis außerhalb von mir. Ich überschütte komplett alles mit Gold und schicke den ganzen Behälter in den Kosmos. Wie schwarzes Öl kleben noch Reste der Masse auf dem Grund des Sees. Mit Scheuersand und einer Drahtbürste schrubbe ich die Steine des Grundes blank und wische auch das Schilfgras am Ufer sauber.

Der ganze schöne See wird nun aufgefüllt mit klarem Seewasser, wunderbar frisch. Die Vögel kehren zurück, zwitschern, flöten, rascheln. Der Wald rauscht, sein dichtes Grün ist voller Leben, es sprudelt und pulsiert. Jede Pflanze läßt dieses wunderbare Leben in sich hoch- und hinunterströmen, jedes Tier verfolgt eifrig seinen Lebensplan. Wow, denke ich, dies ist der Ort, wo ich in Zukunft Kraft und Ruhe tanken kann. Ich hoffe so, daß sich dieses leichte Gefühl, der innere Frieden so halten läßt. Meine bisherige Basis, die Melancholie und Traurigkeit, sind wie weggepustet, es wäre zu schön, wenn es einfach so bleiben könnte.

Im dritten Chakra entsteht als Kind das Ego. Ego nennen wir hier den Persönlichkeitsanteil, der sich im Außen orientiert. Dabei nehmen die

Menschen in der Regel ein aktives, dominantes Verhaltensmuster ein, genannt das Täter-Verhalten, oder ein passives Muster, die Opfer-Rolle. Sind diese Verhaltensmuster bewußt gemacht und aufgelöst, sind die Teilnehmer in der Lage, ihr Leben so zu gestalten wie es ihrer wahren Persönlichkeit entspricht. Es lösen sich in ihrer Umgebung viele Konflikte, die durch alte Muster wie Egoismus, Dominanz oder passives Geschehen-Lassen entstanden sind.

Alle Themen und Blockierungen stehen immer mit der Liebe bzw. mit dem Herz-Chakra in Verbindung. Aus diesem Grund ist das Herz-Chakra das wichtigste Chakra, das erst am Freitag gereinigt wird. Nach dem dritten Chakra wenden wir uns deshalb am Donnerstag dem fünften Chakra zu.

Fünftes Chakra

Das Kehlkopf-Chakra entwickelt sich im fünften Lebensjahr und enthält unseren Selbst-Ausdruck. Kinder fangen in diesem Alter an ihre Bestimmung oder ihr Lebensziel zu fühlen und auch auszudrücken. Berufe, die sie besonders ansprechen, werden nachgeahmt und sie beginnen sich spielerisch mit dieser Rolle auseinanderzusetzen und sie mit anderen Kindern auszuprobieren. Sie spielen Familie, Schule oder andere bekannte Rollen. Die eigene Aufgabe im Leben wird spürbar und bedeutungsvoll. Ihr Ausdruck wird genauer und zielgerichteter. Auch die Stimme wird kräftiger und erhält Persönlichkeit und Originalität. Wenn Kinder sich zum Ausdruck bringen, so ist neben dem, was sie mitteilen, auch immer ihre gesamte Persönlichkeit beteiligt. Wird der Ausdruck oft kritisiert oder zurückgewiesen, fühlt das Kind sich als ganze Persönlichkeit abgelehnt. In der Folge zieht es sich dann zurück und reduziert den Selbstausdruck. Eventuell spricht es zwar immer noch viel, ohne jedoch mitzuteilen, was es wirklich bewegt. Es äußert keine Wünsche und keine eigene Meinung mehr. Aus diesen Kindern werden später meist sehr angepaßte Erwachsene.

Durch die eigene Stimme wird die Übereinstimmung zwischen Gesagtem und Gefühl wahrnehmbar. Unabhängig vom Gesagten ist die Wirkung der Stimme für alle Zuhörer bedeutend und immer, wenn auch unbewußt, wahrnehmbar. Bei harmonischer Entwicklung des fünften Chakras zeigen sich Kreativität und Originalität sowie ein deutlich ausgeprägtes und sicheres Unterscheidungsvermögen. Bei zu weit geöffnetem Chakra kann es bei diesen Menschen zu aufdringlichem Geltungsdrang und unrealistischen Versprechungen kommen. Diese Menschen reden zu viel. Halsbeschwerden deuten darauf hin, daß Sie nicht das aussprechen, was sie eigentlich sagen möchten. Bei der Arbeit am fünften Chakra verändert sich das Volumen der Stimme, der Körper wird wieder als Resonanzkörper spürbar.

Im ersten Seminar kommen wir unweigerlich irgendwann zum Hals-Chakra. Zunächst kann ich mir gar nicht vorstellen, was sich dort Bedeutendes abspielen soll. Hals, Ausdruck, Stimme ... Maria Elisabeth sagt etwas wie „sich ausdrücken, sich verständlich machen ...“, vielleicht habe ich auch nicht ganz zugehört. Ich erfasse vielleicht den Sinn nicht ganz. Was wird sich tun? Was ist, wenn ich dran bin und sich herausstellt, daß ich nicht weiß, worum es geht?

Doch schon als Paul als erster an der Reihe ist und ich noch vier Teilnehmer abzuwarten habe, habe ich das Gefühl, kein Wort herauszubringen.

Vertraut darauf, sagt Maria Elisabeth, daß das richtige Thema sich finden wird, auch wenn ihr die Frage vergessen habt.

Jedoch macht sich der berühmte Kloß im Hals dick und breit, läßt sich nur noch schwer wegschlucken. Der Hals kratzt und wird heiser während ich da ruhig auf meinem Klappstühlchen sitze und hoffe später ein Wort herauszubringen. Was war noch die Frage, die wir hier stellen sollten? Nun sind wir ja aufgefordert schon vorzuarbeiten, während wir warten bis wir an der Reihe sind.

Was ist da an meinem Hals, frage ich meine Seele. Schwindel überfällt meine Sinne und Atemnot und ich muß mich konzentrieren, auf dem Stuhl sitzen zu bleiben. War das die falsche Frage? Der Hals wird eng, Atemnot stellt sich ein. Ich spüre, wie mir das Blut in den Kopf schießt, in die Wangen, in meinem Unterleib herrscht Tumult. Was denn nun? Konzentriere Dich!

Langsam kann ich fokussieren und spüre, daß die Kraft an meinem Hals von einer gewaltigen, starken Hand herrührt, die mir die Luft abdrückt. Wer drückt mir die Luft ab, wer würgt mich da, bin ich in einem anderen Leben einem Verbrechen zum Opfer gefallen? Bin ich daran gestorben? In welchem Leben war das, zeig mir ein Bild, zeig mir die Szene...

Plötzlich ist alles da, ganz klar ... nein, nicht so etwas, nein!

Das Bild verschwindet wieder, Szenenwechsel, Schnitt, der Beginn der Szene stellt sich ein. Ich blicke verwundert an mir herunter, ein hübsches Kleid trage ich da, aus festem Stoff mit einem langen geschwungenen Rock. So etwas wie lila und rosa Tüll in verschiedenen Schattierungen umspielt meine Beine hinunter bis zum Boden. Kein Spitzensaum, aber hübsch. Ich blicke um mich - graue Wände und Böden, große steinerne Bögen, riesige hölzerne Türen, nein, es ist nicht der Tempel, den ich im zweiten Chakra gesehen hatte, eher eine Burg, in der ich zu Hause bin. Ich gehöre hierher, arbeite hier, bin nicht in der untersten Schicht wie die in graue Leinen gekleideten Küchenmädchen, gehöre aber auch nicht zu den vornehmen Damen, die in Spitzen, Seide und weiche Stoffe gekleidet sind. Meine Aufgabe besteht jetzt gerade darin, den feinen Damen ihr Essen in die Gemächer zu brin-

gen. Dazu wird es in der Küche schön auf einem Silbertablett angeordnet und ich trage es die langen Gänge entlang auf die Zimmer, wo die Damen in den Betten zu verweilen gewohnt sind, bis das Frühstück kommt. Feine duftende Speisen habe ich auf dem Tablett und spaziere leichten Schrittes durch die Gänge, vorbei an großen Bögen und Säulen, bis sich die große dunkle Kuppelhalle vor mir auftut. Selbst bei Tag fallen nur einige helle Sonnenstrahlen durch die kleinen Fenster, so daß es viele düstere Ecken gibt und man im Spiel von Sonnenschein und Dunkelheit oft Schwierigkeiten hat, Personen oder Dinge zu erkennen.

Plötzlich tritt eine der Wachen aus seiner Nische und stellt sich mir in den Weg. Groß und mächtig baut der Hüne sich vor mir auf mit dem Speer in der Hand, fest und entschlossen ist seine Gestik. Seine funkelnden Augen stechen unter dem ledernen Helm hervor, seine Bewegungen klirren unter dem Kettenhemd. Sein Blick trifft mich tief ins Herz, nein, er durchfährt meinen ganzen Leib. Ich kenne den Großen, habe ihn schon öfter von weitem beobachtet, wir haben nicht miteinander gesprochen seit er hier arbeitet, er ist ein sehr stiller Geselle. Er steht immer zuverlässig an seinem Platz. Seine kräftige Erscheinung bedeutet Sicherheit für die Burg, und wenn sein muskulöser, gut gebauter Körper sich bewegt, so wirkt er geschmeidig, kraftstrotzend und gefährlich wie ein Tiger kurz vor dem Absprung. Leicht hätte ich jetzt umdrehen und davonlaufen können, doch statt dessen steigt in mir wallendes Verlangen auf, Lust erschwert das Atmen und ich stehe ganz regungslos wie ein kleines Kätzchen eingeschüchtert vor dem Mächtigen und Großen. Fest packt er mich am Arm, schnell schiebt er mich in eine dunkle Nische hinter einer Säule im Gang. Ich spüre, wie sich sein fester lederner Rock an meine Oberschenkel preßt, mein Körper rücklings über die Brüstung im großen Kuppelgewölbe geschoben wird. Wenn ich nun falle, so ist es aus mit mir, überlege ich einen kurzen Moment. Ich schmelze unter seinem Griff dahin, letzte Gedankenfetzen schwinden im Orkan der Sinne. Heiß streift sein Atem über meinem Gesicht. Ein Schrei gellt durch das Gebäude, zschhh zischt er, sei still, preßt seine Hand auf mein Gesicht. Metallischer Geschmack vom Blut zerbissener Finger in meinem Mund, ich habe wohl zu fest gebissen, so gleitet seine schmerzende Hand im Eifer des Gefechtes versehentlich von meinen Gesicht den Hals hinunter, ein fester Griff und ... Stille.

Mit unfaßbarem Erstaunen nehme ich wahr, daß meine Seele dem Körper entgleitet, sie schwebt leicht und unsichtbar hinüber durch den Raum, einfach über die Brüstung hinauf bis unter die große Kuppel in der großen Halle. Dort unten das absurde Tableau der Lust, wie nach einem Kampf hängen die Erschöpften auf der kalten Steinmauer in der dunklen Nische hinter der Säule. Fort von hier, fort! Raum und Zeit lösen sich in einem Nebel langsam auf.

Ich komme noch benommen langsam wieder zu mir: Er hat mich erwürgt! Das Schwein! Mein junges Leben vernichtet! Ich bin entrüstet. Kann ich deshalb vor Leuten heute noch nicht laut werden, nicht laut meine Stimme erheben? Wenn ich gehört werde, so befällt mich mein Leben lang schon immer ein merkwürdiges Gefühl von Beklemmung und Angst, wie Angst um mein Leben...

Glaubst du, er hat dir dein Leben genommen? fragt Maria Elisabeth.

Ja ..., sage ich.

Frage deine Seele, ob du bereit warst, in diesem Moment dein Leben herzugeben!

Ja, sagt meine Seele.

Niemand verliert sein Leben, sagt Maria Elisabeth, dessen Seele nicht zu sterben bereit ist.

Warum wollte deine Seele gehen? fragt Maria Elisabeth weiter.

Ich finde keine Antwort. War das eventuell schon die Aufgabe in diesem Leben, diese Erfahrung, mit der sie den Körper verlassen wollte? Ja, sagt meine Seele.

Hast du heute tatsächlich Probleme, deinen Mitmenschen verständlich zu machen, was du sagen willst?

Nein, sagt meine Seele.

Hast du dann dort noch etwas aufzuarbeiten?

Nein, sagt meine Seele. Verwirrt schließe ich diese Runde ab. Was will mir meine Seele damit sagen? Besteht eine Diskrepanz zwischen den Äußerungen meiner Gefühle und der tatsächlichen Intensität der Empfindungen? Etwas betreten verlasse ich den Seminarraum. Ich fühle mich entblößt, nackt und hilflos, empfindlich. So eine Peinlichkeit vor den anderen Gruppenteilnehmern ... ich bin froh, daß wir hier in der Runde nun alle Geheimnisse von allen anderen auch kennen ... so sind wir am Ende alle bloßgestellt oder eben auch nicht.

Erst später ist es mir gegönnt in die nächste Runde der Geschichte einzutauchen...

Das fünfte Chakra steht mit dem zweiten Chakra in direkter Verbindung. Deshalb entsteht der berühmte „Kloß im Hals" in der Regel durch Angst und Schmerz im zweiten Chakra.

Es finden sich im fünften Chakra oftmals auch Probleme in der Sexualität wieder, die man nicht zum Ausdruck bringt.

Beim Auflösen der Blockaden im fünften Chakra bilden sich der authentische Ausdruck des Individuums und die eigentliche Stimme heraus, die in direkter Resonanz mit den eigenen Gefühlen steht. So nimmt die Umgebung wahr, daß das Gesprochene authentisch ist und der Wahrheit entspricht. Der Ausdruck wird klar und direkt und unmißverständlich.

In der Regel erleben die Teilnehmer am Abend dieses Tages oft prägnante Veränderungen in ihrem Ausdruck. Es geschehen Dinge, an denen sie ablesen können, daß sie sich bereits verändert haben.

Eine Teilnehmerin wurde seit ihrem dritten Lebensjahr von Ohnmachtsanfällen geplagt. Keine Therapie oder Medizin hatte bisher geholfen. Was die Sache immer schlimmer machte, war, daß sie niemals wagte wieder an einen Ort zurückzukehren, an dem sie einmal umgefallen war. Schließlich hatte sie kaum mehr den Mut aus dem Haus zu gehen. Auf Empfehlung einer Freundin kam sie mit letzter Hoffnung in Maria Elisabeths Kurs. Bereits im ersten Chakra fanden sich massive Probleme und Blockaden bezüglich des Gefühls der Scham. Immer wenn diese aufkam, trat die Ohnmacht ein. Nachdem diese Blockaden bei ihr gelöst waren, kam es bei einem Gespräch unter Teilnehmern in der Pause am Donnerstag zu einer für sie höchst peinlichen Situation. Die Farbe wich aus ihrem Gesicht, sie kämpfte erneut mit dem Gefühl der Scham und es drohte die übliche Ohnmacht. Nach einem Moment der Besinnung setzte sie sich aufrecht hin, öffnete die Augen und verkündete selbstbewußt: „Dieses Gefühl halte ich jetzt aus. Ich falle nicht mehr um!" was tatsächlich von diesem Moment an nicht mehr geschah.

Mit dieser neu gewonnenen Klarheit und Freude über die Veränderung beginnen wir am Freitag mit der Arbeit am sechsten Chakra.

Sechstes Chakra

Das sechste Chakra oder auch das dritte Auge befindet sich zwischen den Augenbrauen und reift im Verlauf des sechsten Lebensjahres. Hier befindet sich die hellsichtige Wahrnehmung und die Erkenntnis. Vorstellungskraft und innere Wahrnehmung sind in diesem Chakra beheimatet. Auch Regeln, Dogmen und Moralvorstellungen sind dort verankert. Das Empfinden einer bestimmten Nationalitätszugehörigkeit geht ebenfalls von hier aus. Auch das Massenbewußtsein ist dort beheimatet. Gemeint ist damit der Einfluß, den eine große Gruppe, sprich die Masse, auf den Einzelnen hat. Ohne es selbst wahrzunehmen macht er sich die Regeln der Masse zu Eigen und handelt danach.

Bei guter Entwicklung dieses Chakras findet der Mensch zu seiner Berufung und hat einen klaren Blick auch hinter die Oberfläche der Dinge. Spontanes Erkennen von Zusammenhängen und Wahrheiten tritt dabei häufig ein. Ohne Blockaden erkennt der Mensch dann in sich selbst, jedem anderen und in allen Dingen die Vollkommenheit des Seins und das Göttliche in jedem Menschen. Er ist auch in der Lage, die Handlungen der Menschen getrennt von deren Persönlichkeit wahrzunehmen.

In diesem Chakra blockierte Menschen orientieren sich statt an sich selbst stark an äußeren Vorbildern oder ihrer Umgebung und haben Schwierigkeiten unabhängig zu denken. Bei Schulkindern kann es in diesem Fall dazu kommen, daß Sie, wenn sie von der Lehrerin gefragt werden, nicht wissen, was sie sagen sollen. Die Antwort selbst wissen sie. Sie sind sich jedoch nicht sicher, was die Lehrerin tatsächlich von ihnen hören möchte. Sie sehen sich daher einer unlösbaren Aufgabe gegenüber und sind nicht in der Lage irgendetwas zu antworten. Sie befinden sich in einer Art Schockzustand.

Bei Blockaden kann es auch zu stark übersteigerter Denkaktivität kommen zusammen mit der Einschätzung des Lebens als beherrschbares Schachspiel. Bei zu weiter Öffnung dieses Chakras zeigt sich eine realitätsferne Wahrnehmung der Dinge und eine Abtrennung von Dingen des Alltags.

Es ist das Stirn-Chakra an der Reihe. Hier ist der Sitz der Hellsichtigkeit. Wir sollen uns nun die Frage stellen, ob unserer Hellsichtigkeit etwas im Wege steht, ob da eine Blockierung ist oder nicht.

Wie so oft bekomme ich keine Antwort von meiner Seele. Ich bitte intensiv um eine Antwort, ein Bild, eine Szene. Es ist und bleibt dunkel, während die anderen Teilnehmer, einer nach dem anderen, sprechen. Mit dem Hellsehen ist es also bei mir doch nicht soweit her, denke ich deprimiert. Während ich so in mein Dunkel sehe, kann ich dort schattenhaft die Umrisse einer Person vermuten. Ich betrachte sie von hinten, sitzend, in der ersten Reihe eines abgedunkelten Kinos, ganz allein, der Film soll wohl gleich anlaufen. Niemand sonst ist im Kino. Vorne auf der Leinwand beginnt ein Film. Was läuft nur? Da bin ja ich auf der Leinwand, Christine im Alter von etwa 17 Jahren.

Wunderbarerweise hat die Klassensprecherin Claudia wieder eine von den Klassenfeten organisiert, für die sie eine ganze Jungen-Klasse eingeladen hat aus einer Jungen-Schule unserer Stadt. Denn wir haben das traurige Schicksal, die letzte bedauernswerte reine Mädchen-Klasse unserer Schule zu sein, alle folgenden Jahrgänge sind schon gemischt. Unsere Eltern wollten, daß wir uns auf das Lernen konzentrieren können und nicht durch die erwachenden Gefühle der Jugend abgelenkt werden. Was sie jedoch übersehen haben ist, daß die heranwachsenden Mädchen zwar eine Weile von den Wirren der Welt in ihrer Schüchternheit tatsächlich verschont geblieben sind, doch die Sehnsucht und das Tosen unerfüllter Leidenschaft dann um so mehr in den heranwachsenden Körpern tobte.

Spannend sind diese Feten in einem Jugendzentrum, das extra für diesen Zweck heute Abend gemietet ist, wir Mädchen treffen uns schon vorher, um die Aufregung und die Angst vor dem Unbekannten zu überwinden. Ich mache meiner Freundin Petra Mut mitzugehen. Während sie sich an mich klammert und sich fest bei mir einhängt wächst auch mein Mut. Sie ringt mir das Versprechen ab, sie an diesem Abend nicht alleine zu lassen. Petra ist wie ich ein zierliches Mädchen, klein und leicht wie eine Blume, die man leicht wegpusten kann. Wir nennen sie in der Klasse liebevoll unsere „Prinzessin", denn sie ist noch Jungfrau und wartet auf den „Richtigen". Für diesen hebt sie sich auf, wie sie sagt. Während der vielen Stunden in der Mathe-Nachhilfe erzählte sie mir lange Geschichten voller Sehnsucht nach der wahren Liebe. Wir zwei sind im Prinzip ähnlich empfindsame Seelen, doch während Petra an der Bar des Lebens sitzt und auf den von Gott bestimmten „richtigen" Drink wartet, bestelle ich gerne alles, was die Bar hergibt und probiere alle Geschmacksrichtungen durch, um auf den „Richti-

gen“ vorbereitet zu sein. Man muß doch schließlich etwas von der Welt gekostet haben - wie sollte man sonst später unterscheiden können, welcher Drink rassig, lecker und edel und nicht schal oder verdorben ist?

Wir betreten den Party-Raum im Halbdunkel, tolle Lichter haben sie installiert und die Musik läuft auch schon. Die Klassensprecherin stürzt auf uns zu, sie ist so froh, daß wir endlich kommen. Die Ärmste mußte ja den Raum aufsperren und die Stellung halten mit dem Klassensprecher der fremden Jungs, bis wir kamen. Ihr fällt ein Stein vom Herz und wir ziehen uns in eine dunkle Ecke zurück. Langsam beginnt die Party, Grüppchen fremder Jungs treffen ein, ziehen sich in andere Ecken zurück. In der Mitte die Tanzfläche, sie ist drohend leer wie eine Arena, niemand will diesen Kampf beginnen, wegen dem aber doch alle gekommen sind.

Mutig begibt sich die Klassensprecherin ins Getümmel auf der anderen Seite des Raumes mit einigen Verbündeten, fischt sich einen Tänzer heraus und beginnt das Spiel. Andere folgen, peinliche Momente der Angst und der Unsicherheit - die Musik wird lauter gedreht, übertönt die Stille zwischen den fremden tanzenden Paaren.

So ein Nervenspielchen ist nichts für so zarte Seelen wie Petra und mich. Wir klammern uns immer noch aneinander in einer dunklen Ecke. Meine Freundin Claudia lehnt inzwischen schon cool an der Bar, schlürft eine Cola und schwatzt mit einem Burschen der anderen Klasse - das ist wahre Loyalität zu Claudia, der Klassensprecherin, die uns angefleht hatte, doch mit den Jungs in Kontakt zu treten, damit Stimmung aufkommt.

In diesem Moment betreten drei Jungs den Raum. Der erste der drei, eine umwerfende, riesenhafte, elegante, männliche Erscheinung, hoch gewachsen, muskulös, mit blondem Lockenkopf und Bartansatz über den vollen Lippen, blinzelt im Halbdunkel durch die Partylichter. Seine Blicke treffen die meinen, ich ringe nach Luft, das Denken setzt aus. Nicht, zischt Petra neben mir, bitte laß mich nicht alleine, fleht sie mich an, diesen Blick kenne ich bei dir! Also bleiben wir schüchtern und brav in unserer Ecke und harren der Dinge, die da kommen. Die Jungs ziehen ihre Jacken aus und durchqueren langsam den Raum.

Groß und mächtig baut der Junge sich vor mir auf, selbstsicher ist seine Gestik. Seine funkelnden Augen stechen unter den hellen Lo-

cken hervor. Sein Blick trifft mich tief ins Herz, nein, er durchfährt meinen ganzen Leib. Sein muskulöser, gut gebauter Körper bewegt sich geschmeidig, kraftstrotzend und gefährlich wie ein Tiger kurz vor dem Absprung. Leicht hätte ich jetzt umkehren und davonlaufen können, doch stattdessen steigt in mir wallendes Verlangen auf, Lust erschwert das Atmen und ich stehe ganz regungslos wie ein kleines Kätzchen eingeschüchtert vor dem Mächtigen und Großen.

In diesem Moment in Maria Elisabeths Kurs durchfährt es mich wie ein Blitz und ich erkenne: Da ist er wieder, mein Hüne, die Burgwache, das Schwein, das mich erwürgt hat!

Und wieder bin ich ihm ausgeliefert, der Lust erlegen, jenseits von Denkvermögen und Vernunft. Mein Erinnerungsvermögen hat hier nun eine Lücke, ich weiß nicht, was vor sich ging. Wahrscheinlich liefen belanglose Partygespräche - bis es Zeit zum Heimgehen war. Ich erinnere mich nur noch bruchstückhaft wie ich komplett auf Wolke sieben eng an seinen Körper geschmiegt hinter ihm auf dem Mofa saß und wir durch die zauberhafte Nacht fuhren. Er hatte angeboten, mich nach Hause zu fahren. Ich rang immer noch nach Luft, da ich die Dimensionen dieses Körpers nicht zu fassen vermochte. Überall war Kraft, der Brustkorb, den ich da umschlungen hielt, von überwältigendem Ausmaß. Unter dem Helmansatz eine betörende Duftmischung von Schweiß, Rasierwasser und Partyrauch. Zum Abschied gab es nur einen sanften Kuß, wobei seine Fingerspitzen leicht meinen Nacken entlang glitten. Dabei wurde mir so weich in den Knien, daß ich nicht wußte, wie ich die letzten Schritte von seinem Mofa in den Hausgang schaffen sollte. Ich weiß nicht, wie es weiterging, jedoch wurden wir irgendwann und irgendwie ein Paar. Eine körperliche Annäherung war schwierig, denn sowohl ich wie auch er wohnten noch bei den Eltern, die ein wachsames Auge auf alle Vorgänge hatten. Liebe war ihm und mir im Hause unserer Eltern strengstens untersagt, Übernachtung ausgeschlossen. So stieg unsere Lust aufeinander ins Unermeßliche. Endlich kam der Tag, an dem die Familie des Großen übers Wochenende das Haus verließ mitsamt der Schwester und der Oma und dem Hund. Er holte mich ab und brachte mich zu sich nach Hause. Schon hinter der Eingangstür rissen wir uns die Kleider vom Leib. Erschöpft und schweißnass brachen wir später im Flur zusammen und beschlossen entspannt ein Bad zu nehmen. Im Badewasser gestaltete sich die Körperreinigung doch sehr sinnlich und uns über-

kam wieder die Lust. Irgendwie brachten wir es fertig, das Bad mitsamt dem Treppenhaus unter Wasser zu setzen. Das Wasser lief die Treppen hinunter bis ins Wohnzimmer. Lachend wie die Kleinkinder krabbelten wir danach durch das Bad und beseitigten die Überschwemmung. In warme Decken auf dem Wohnzimmerboden gekuschelt sahen wir später einen Film an und ließen es uns mit allerlei Köstlichkeiten aus dem elterlichen Kühlschrank gut gehen, bis uns wieder die Lust überfiel. Nur die Schäffler-Tänzer, die als kunstvolle Holzfigürchen im Wohnzimmerregal aufgestellt sind, waren unsere Zeugen.

Lautstärke machte hier an diesem Wochenende keine Probleme.

Erst später wieder hatte ich einen metallischen Geschmack vom Blut zerbissener Finger in meinem Mund, ich habe wohl zu fest gebissen oder hatte mich zu wehren gegen Kopfkissen, die mir ins Gesicht gepreßt wurden. Ich rächte mich jedoch und hinterließ schlimme Biss- und Kratzwunden oder blaue Flecken. So ging es dann Tag für Tag und Woche für Woche. Wir entdeckten viele dunkle Ecken, in denen wir unentdeckt und verbotenerweise schnell und heftig ins Reich der Sinne entweichen konnten: In abgelegenen Ecken dunkler Parks, in dichten Büschen, in romantischen Wäldern rund um unsere Stadt, in diversen Umkleidekabinen, und auch die Bleibe bei unseren Eltern war bei Nacht nicht sicher in sinnliche Lüste getaucht zu werden. Um 7 Uhr früh, stets zur Weckzeit, wenn unsere Mütter unsere Zimmer betraten, waren zwar die Bettdecken noch naß geschwitzt und zerwühlt, der jeweilige Bewohner war jedoch wieder alleine. Ich erinnere mich an die lustgetränkte Zeit mit den frischen Sinneseindrücken unmittelbar vorausgegangener Liebe in den ersten Schulstunden zu sitzen, zum Trost für die triste Zeit der langen Trennung ein unauffälliges Taschentüchlein vor der Nase, getränkt mit frischem Schweiß des Geliebten oder anderen Säftemischungen unserer Lust.

Eines Abends kochte ich bei einer Freundin zu Hause ein leckeres Mahl. Unruhe plagte mich, Zerrissenheit brodelte in mir. Was hast du nur, fragte Karin, was ist mit dir? - Irgendetwas stimmt nicht ... grübelte ich vor mich hin, ich spüre, daß da etwas ganz Komisches vor sich geht. Es ist etwas mit ihm. Was soll sein? Ich weiß es nicht, wie kann ich es nur herausfinden? Ich muß hinfahren! - Jetzt, es ist doch schon so spät! - Ja, jetzt. Wie willst du da etwas herausfinden? Willst du um 11 Uhr abends bei seinen Eltern klingeln und fragen, was heute los ist? - Ich weiß es nicht... Getrieben von einem unguten Gefühl greife ich mir mein kleines Mofa und mache mich bei Nacht auf den Weg quer durch die Stadt. Hoffentlich sieht mich niemand, hoffentlich passiert mir nichts. Normalerweise gehe ich als Mädchen niemals alleine bei Nacht aus dem Haus. Es nieselt, die Straße ist naß, ich muß langsam fahren und aufpassen, daß ich mit dem Mofa nicht ausrutsche. Trotzdem gebe ich Gas und flitze, so schnell ich kann. Irgendetwas geht vor sich. Ich bin verzweifelt. Als ich in die Straße einbiege, in der das Haus seiner Eltern steht, schlägt mir das Herz bis zum Hals. Was ist, wenn ich der Oma mit dem Hund nun begegne - nichts, die Straße ist menschenleer. Schnell, den Motor aus, ich parke das Mofa ein Stück weit weg. Streiche um die Büsche vor dem Zaun. Die Fenster im Erdgeschoß sind erleuchtet, die Eltern sitzen noch im Wohnzimmer und sehen Fern - wie immer um diese Zeit. Im ersten Stock hat die Schwester ihr Zimmer und Badezimmer, dort ist das Licht aus. Im zweiten Stock wohnt die Oma, auch hier sind die Lichter schon erloschen. Im dritten Stock gibt es nur ein Dachfenster, dort ist sein Zimmer, ich kann es von unten nicht sehen.

Was nun? Mein Herz stockt, ich ringe nach Luft, als ich sehe, daß der Hagel in der letzten Woche die gesamte Verschalung des Hauses heruntergerissen hat. Das Gerüst darunter liegt frei. Es müßte halten ... Also schleiche ich mich an das Haus heran, probiere einige Klimmzüge, rüttle am Gestänge. Es hält. Schnell bin ich die ersten Stiegen nach oben geklettert, am rohen Holzgerüst des Hauses hoch. Hoffentlich öffnet jetzt niemand ein Fenster ... weiter bis zum ersten Stock. Dort muß ich am Balkon vorbei, nur die Schwester nicht wecken. Weiter bis zum zweiten Stock. Vorsicht, der Hund und die Oma haben einen leichten Schlaf. Manchmal geistert die Oma die ganze Nacht ruhelos durchs Haus. Doch nichts rührt sich. Oben gelange ich an die Dachrinne. Ich weiß nicht wie ich aufs Dach kam, spüre nur noch die rutschigen Dachziegel unter den Händen und Knien. Und versuche nicht daran zu denken, was jetzt wäre, wenn ich herunterfiele. Langsam arbeite ich mich über das schräge Dach von Ziegel zu Ziegel an das Dachfenster heran. Und da ist es, was mich getrieben hatte: Ich sehe Kerzenschein, höre leise Musik und sehe meinen Liebsten, der mit einer Frau Sex hat. Mit welcher Frau? Beim näheren Hinsehen erkenne ich die Freundin meiner Freundin. Alle Kraft verläßt mich für einen Moment, in dem ich glaube, ins Bodenlose zu fallen und zu fallen und zu fallen. Ich hatte vom ersten Moment an gewußt, daß Natascha nicht eine von „uns“ ist, die sich an das ungeschriebene Gesetz unter uns Mädels halten würde - das goldene Gesetzt der Loyalität, nach dem wir Jungs untereinander tauschten, jedoch so, wie wir das vorher absprachen. Da war dieser Blick früher, als wir uns trafen, bei dem ich wußte, sie würde sich nehmen, was ihr nicht zusteht.

Ich weiß nicht, wie lange ich da oben auf dem Dach kauerte - da überkommt mich plötzlich die Wildkatze, ich werde zornig, bin Zeus, der Gott des Blitzes. Wenn nur, wenn nur, wenn nur jetzt ein Blitz einschlüge ... und suche auf dem Dach nach einem losen Dachziegel, ganz leise, sehr leise habe ich bald einen in meinen Händen.

Sehr laut muß es nun sein, gewaltig soll der Donner auf die Erde kommen - ich schmettere den Dachziegel so fest ich kann durch das Fenster.

Ein Riesenkrach, ich weiß nicht wie ich wieder auf den Erdboden gekommen bin, wohl in Windeseile, während ich noch Schreie aus dem Dachzimmer höre, hetze ich ins nächste Gebüsch. Stimmen des Schreckens gellen durch die Nacht, eine männlich, eine weiblich. Eine Tür klappt, die Stimme der Schwester ist zu hören: Du Schwein, du sollst keine Mädchen mitbringen, das weißt du genau! Ein weiterer Schrei, die Oma schreit: Was ist passiert? Oh du schlimmer Junge, du Unhold, was tust du deinen Eltern an! Der Hund bellt, die Mutter ist zu hören, der Vater brüllt: „Das in meinem Haus, ich werfe dich raus, du Sau“, das Dach wird untersucht - eine Katastrophe, ein Feuerwerk, mitten in der Nacht. Ich laufe davon, durch die Nacht, zu meinem Mofa, rase auf meinem Weg dahin, ich spüre den kalten Nachtwind im Gesicht und hoffe, daß er meine Sinne herunterkühlt, meinen Schmerz lindert, meinen Verstand wiederbringt. Ich verschmelze mit dem klaren Mond, mein Freund, so weit weg, er versteht meinen Schmerz, er spricht zu mir, leuchtet und ist doch so kalt, alles, jedes Gefühl gefriert in ihm, die Tränen gefrieren bereits im Herz, nichts, nichts spüre ich mehr außer grenzenlosem Schmerz.

Jetzt, hier im Kino des Stirn-Chakras, ist dieser Film zu Ende. Ich sitze tief beeindruckt von dem bewegenden Film meiner Jugend mit einem tiefen Frieden in mir. Damals, mit 17 Jahren, habe ich nicht verstehen können, warum man mir so weh tut, ich konnte nicht verstehen, wie ich zu einem Rachewerkzeug wurde und die blinde Wut der Vernichtung in mir aufstieg.

Jetzt, so fühle ich, hat alles seine Bedeutung, Sinnhaftigkeit und Gerechtigkeit. Vor langer Zeit, in der Burg, brachte ein Hüne, der Wächter, ein junges Mädchen versehentlich im Akt der Lust um. Diese Lust ist in dieses Leben zurückgekehrt, und die Vernichtung ging den Weg andersherum. Ich bin sehr zufrieden. Das Leben ist intensiv, das macht Sinn.

Mit dieser Deutung ist jedoch Maria Elisabeth nicht zufrieden. Sie möchte nicht Vergeltung und Schmerz als Lebensgesetze stehen lassen. Ich muß daran arbeiten und das aufarbeiten, sagt sie. Dafür wurde mir dieser Film im Stirn-Chakra gezeigt, er soll mir als Lehre dienen. Könnte sein, daß das Thema Schmerz in meinem Leben noch eine Rolle spielt, könnte sein, daß ich hier nicht am Ende des Weges angelangt bin...

Erst später begreife ich die Zusammenhänge: War in diesem letzten Leben und in diesem Leben Lust und Vernichtung miteinander gekoppelt, das heißt, wann immer die Lust war, stand auch die Vernichtung im Raum. Wann immer Vernichtung im Raum stand, befand sich die Lust dabei. Ich habe beides voneinander abgetrennt und konnte so auch den Wunsch nach Vernichtung gehen lassen. Was blieb ist die Lust, und das soll so sein.

Sind alle Dogmen und Blockierungen im dritten Auge aufgelöst, steht die Hellsichtigkeit wieder zur Verfügung. Damit können wir auch die im siebten Chakra angesiedelte Intuition nutzen.

Siebtes Chakra

Hier, am höchsten Punkt des Körpers, im siebten Chakra oder auch Kronen-Chakra genannt, besteht die Anbindung zum Kosmos. Von hier aus können wir die Verbindung zum Universum erfahren und unsere Intuition erleben.

An dieser Stelle ist auch der Sitz der Intuition, der Spiritualität und des spirituellen Verständnisses. Höchste Erkenntnis und die Verbindung mit dem universellen Bewußtsein gehen von hier aus.

Eilig haben wir es, eilig in die Kirche zu kommen. Zu spät sind wir losgegangen, den Berg hinauf an den Feldern vorbei, die Dorfstraße entlang bis zur Domkirche. Fest umgreift Oma meine Hand, mit raschen Schritten zieht sie mich hinter sich her. Meine Füßchen laufen so schnell sie können, mit meinen vier Jahren habe ich Mühe mitzuhalten. Groß und mächtig sind die Portale, eine kleine Tür erlaubt den Zu-Spät-Gekommenen noch den Eintritt.

Still ist es plötzlich im Vorraum, weg vom Lärm der Straße, Heiliges liegt in der Luft. Oma zündet eine Kerze an und steckt sie in eine Halterung, wo viele, viele dieser kleinen Kerzen sind. Wunschkerzen sind es, so hatte sie mir erklärt, ich bin fasziniert von all diesen Wünschen, die über den Kerzen in der Luft schweben. Sie haben so ein Leuchten, sie verbreiten einen Glanz in der Luft. Was sich Oma wünscht, zu gerne hätte ich das gewußt, doch irgendwie weiß ich, daß diese Frage absolut tabu ist. Ihre Gedanken kann ich leider nicht lesen, so sehr ich mich auch darauf konzentriere, Omas Wünsche bleiben für mich verborgen. Schnell Kind, flüstert Oma, und schiebt mich auf eine hölzerne Kirchenbank, auf die wir uns sehr leise und verschämt setzen.

Der Pfarrer hat schon angefangen zu sprechen, von einer Empore herunter, wunderschön verschnörkelt ist das Geländer der kleinen gedrehten Treppe bis zu ihm hinauf. Ich stelle mir vor, ich springe diese hübsche Treppe einmal hinauf und herunter, das würde sicher viel Spaß machen. Die Menschen in der Kirche singen ein Lied, die Kirchenorgel schmettert in überwältigender Lautstärke auf uns herab. Musik erfüllt den Raum, viele Stimmen und Töne sind gleichzeitig zu hören. Die Menschen singen für Gott, denke ich, und ziehe Oma am Ärmel ihrer Sonntagsstrickjacke: Oma, sag mal, wo ist Gott? - Still,

Kind, nicht so laut, in der Kirche spricht man nicht, ist die Antwort. Weiter erfüllt die Musik, Gesang und Orgel den ganzen Raum in der Kirche. Meine Beinchen baumeln von der Kirchenbank herunter, sie sind zu kurz um den Boden zu erreichen. Die Bank ist hölzern, hart, und meine Beine schmerzen. Doch darf ich weder die Schuhe ausziehen noch die Knie anwinkeln und die Füße auf die Bank stellen. So gebe ich mich der Musik und den Tönen hin, blicke ganz nach oben in den Kirchenraum, wandere mit den Blicken ganz außen herum über die Bilder von Jesus und Maria, den Engeln, über die Säulen, die Ornamente. Die Orgelmusik nimmt mich mit auf die Reise, ganz leicht wird mein Körper, ganz leicht die Seele, Freude erfüllt mich, mein Herz beginnt zu hüpfen und zu lachen. Oben im Kirchenraum schwebe ich, getragen von heiliger Musik, die einzige Sprache, die ich in diesem Gebäude verstehe. Wir schweben ganz dicht an den schönen Bildern vorbei, betrachten sie genau, ich kann die Struktur der Malerei genau fühlen, wir blicken hinter die Absperrung und sehen dem Organisten beim Spielen zu. Er ist in Versenkung, wie abwesend, vertieft in sein Spiel, so kann er nicht sehen, daß ich bei ihm bin. Aus der Orgel kommen die gewaltigen Töne wie Kraftlinien und strömen von dort aus in den ganzen Raum. Wir? Wer ist „wir"? Plötzlich entdecke ich, daß ich gar nicht alleine hier in der Luft, weit oben im Kirchenschiff, bin - alles ist voller Wesen, auch sie nutzen die Musik, um sich leicht wie Federn im Wind harmonisch durch die Luft tragen zu lassen. Es sind Engel, reine, hell leuchtende Wesen mit Flügeln aus weißem Licht, die Menschen können sie nicht sehen, denn sie sind so transparent und scheinend, daß man sie von unten wahrscheinlich als Lichtschein wahrnimmt, als flüchtiges Leuchten, als Schein einer Kerze, die für kurze Zeit den Schatten verdrängt. Hier oben jedoch ist alles ganz klar, die Luft ist erfüllt mit Engelwesen, dazwischen sind noch viele andere Wesen, viel kleinere wie etwa Elfen oder Lichtkügelchen oder Ähnliches. Mit diesen kann man spielen, sie sich zuwerfen oder wie einen Gedanken oder einen guten Wunsch zu einem Menschen unten hinunterschicken.

Um den Altar herum ist ein Bereich, der sich noch anders, seltsam anfühlt. Ist dort Gott, denke ich? Zu ihm hin beten ja nun alle Menschen und denken, hier muß Gott sein. Bei diesen Gedanken sinke ich zurück auf meinen Platz auf der harten Kirchenbank und fühle wieder Omas Sonntagsstrickjacke zu meiner Linken. Ich ziehe wieder an ih-

rem Ärmel und flüstere diesmal ganz leise: Oma, sag mal, wo ist Gott? - Nicht jetzt Kind, höre zu, was der Pfarrer sagt. Nun, denke ich, sie weiß es nicht, sie hofft, daß der Pfarrer es ihr sagt. Oma, sage ich, ich glaube ich weiß, wo Gott ist. Mit der Musik hier in der Kirche kannst du fliegen. Und wenn du mit der Musik dort oben hinauf fliegst, so kannst du die Engel selbst sehen, mit ihnen fliegen, ganz oben herum. Und ich glaube, dort vorne beim Altar, da ist Gott selbst.

Menschen, die mit dem Höchsten verbunden sind, spüren, was gut für sie ist und was nicht. Diese Wahrnehmung nennt man Intuition. Intuitiv fühlen die Menschen, was in verschiedenen Situationen zu tun ist. Ohne wirklich darüber nachzudenken handeln sie automatisch richtig. Viele Menschen kennen diese Erscheinung und nehmen sie als innere Stimme wahr. Wenn man zum Beispiel ein wichtiges Treffen verabredet, von dem man sich viel verspricht und die innere Stimme sagt „Geh nicht hin, es kommt nichts dabei heraus."

Da wir nicht gelernt haben, daß es diese Stimme immer gut mit uns meint, gehen die meisten Menschen natürlich trotzdem hin. Nach dem Treffen zeigt sich dann, daß die Erwartungen nicht erfüllt wurden. Die innere Stimme hatte den richtigen Rat erteilt. Diese Erfahrung hindert uns nicht daran beim nächsten Mal genauso zu reagieren.

Bei Blockierungen in diesem Bereich zeigt sich oft ein Mißtrauen allem Intuitiven gegenüber und es kann zum Rückzug, zur Isolation und Starrheit kommen. Bei zu geringer Öffnung kann sich eine Abwehrhaltung gegen die Akzeptanz allen höheren Dingen und Einsichten gegenüber entwickeln. Es ist möglich daß eine Verhaftung in der banalen materiellen Welt entsteht.

Oma dreht sich zu mir, sie starrt mich fassungslos an. Es schaudert mich ganz fürchterlich bei ihrem Blick. Ich hatte doch ganz leise geflüstert. - Sag so etwas nicht Kind, denke so etwas nicht, ansonsten holt der Teufel dich und deine Seele! zischt mir Oma ins Ohr und wendet sich wieder dem Pfarrer zu. Wie vom Blitz getroffen sitze ich auf meinem Platz, plötzlich ganz alleine auf dieser Welt. Keine Engel mehr, keine Oma mehr, die Orgelmusik ist weg, ganz fern wie auf einem anderen Planeten. *Ein Rauschen hüllt mein Denken ein, nackte Angst erfüllt meinen ganzen Körper. Der Teufel wird mich holen, denke ich, bin mir ganz sicher. Es geht ein Abgrund unter mir auf, dunkel, empor stinkt der Hauch der Hölle. Seine Dämonen schickt er aus der Dunkelheit, sie werden kommen und meine Seele in tausend Stücke reissen. Sie werden aus der Dunkelheit nach mir greifen, ihre langen Arme und Krallen halten mich fest, lassen mich nicht mehr gehen, sie würgen mich von hinten. Ich versuche mich zu fassen und den Gottesdienst zu überleben. Der Pfarrer spricht, seine Stimme ist lähmend monoton, wie Fesseln ums Herz, wie Nebel ums Hirn. Meine Beinchen schmerzen.*

Tränenüberströmt komme ich langsam wieder zu mir, in Maria Elisabeths Raum, ich muß noch viel weinen und ein Taschentuch nach dem anderen vollschneuzen. Dieses Erlebnis war gewaltig, gewaltig aus mir herausgebrochen. Ich bin entsetzt, erschüttert, was man mir im zarten Alter von sieben Jahren angetan hat. Wie konnte mir meine geliebte Oma den Teufel an den Hals wünschen? Wie konnte sie mir das antun?

Sie hatte selbst viel zu viel Angst vor diesen mystischen Phänomenen, das ist mir heute klar, sie mag bei der Erklärung ihrer siebenjährigen Enkelin damals in der Kirche selbst tausend Tode gestorben sein. Sie mag gedacht haben, daß ich mich mit den seltsamen Flugerfahrungen mit dem Teufel eingelassen habe. Denn hier auf der Erde gibt es nur Demut und Pflichterfüllung, so hatte sie mir später erklärt. Dann würde man im Paradies nach dem Tod durch die ewige Glückseligkeit belohnt. Man müsse fromm leben und sich an die Gesetze der Bibel halten. Nicht mit Engeln in der Kirche umherschweben mit unendlichen Gefühlen der Glückseligkeit. Dieses Gefühl zu Lebzeiten müsse ja einfach nur eine Versuchung des Teufels sein.

Es wird mir schlagartig klar, daß diese Szene der Moment in meinem Leben war, in dem mir die Wirklichkeit aller mystischen und spirituellen Erfahrungen verloren gegangen war, und seither in jedem glücklichen Moment meines Lebens der Teufel und seine unglückseligen Dämonen aus den dunklen Ecken kriechen, um nach meiner Seele zu greifen und an ihr zu fressen. Seither hatte ich panische Angst vor der Dunkelheit. In Kirchen fühle ich zwar die Heiligkeit und Glückseligkeit, jedoch ist der Verstand umnebelt und das Böse lauert überall. Dieses Erlebnis hatte ich völlig vergessen, wie ausradiert aus meiner Erinnerung.

***Maria Elisabeth** sagt: Ist dir das klar, daß dies die Angst deiner Großmutter ist?*

***Christine**: Ja, es ist mir sonnenklar.*

***Maria Elisabeth**: Dann nimm die Angst vor der Dunkelheit und dem Teufel, überschütte sie mit Gold und gib sie zurück in den Kosmos. Fülle die Stellen, wo sie sich vorher in dir befunden hat, mit Gold auf.*

***Christine**: Ich fühle mich unendlich erleichtert. Ohne Angst leben, wie geht das? Ohne Schuld, ist das möglich? Ein ganz neues Gefühl, so solide ohne den ständig drohenden Absturz in den Abgrund. Sollte ich etwa gar keine Schuld haben? Darf man denn so unbeschwert leben? Ich werde es ab sofort ausprobieren.*

Bei harmonischer Entwicklung des siebten Chakras ist eine tiefe Sicherheit vorhanden, das Gefühl, geborgen zu sein und im Universum am richtigen Platz zu stehen. Diese Menschen strahlen Ruhe aus und Sicherheit in ihrem Wissen um die universelle Kraft, sie haben Gottvertrauen und vertrauen und befolgen dem Rat ihrer inneren Stimme.

Viertes Chakra

Das Herz-Chakra, das in der Mitte des Brustkorbes liegt, entwickelt sich im vierten Lebensjahr zum wahrnehmbaren eigenen Gefühl. Es fühlt sich warm und weich an und läßt die unendliche Tiefe des Gefühls der Liebe erfahren.

Vorher erlebt ein kleines Kind Liebe nur unscharf als gegeben. Es empfindet Liebe, wenn Menschen in seiner Umgebung Liebe fließen lassen. Ein Baby oder Kleinkind, das liebevoll angelächelt wird, erwidert dieses Lachen. Ab dem vierten Lebensjahr allerdings entwickelt das Kind ein Gefühl in sich, das dieses Lachen selbst hervorbringt. Es kann jetzt von sich aus andere anlachen und Liebe fließen lassen.

Das Mitgefühl für andere entsteht. Die kleinen Kinder beginnen anderen zu helfen und deren Bedürfnisse wahrzunehmen. Oft beginnen sie in dieser Zeit auch weinende Kinder und Erwachsene zu trösten. Auch der Wunsch anderen etwas zu geben entwickelt sich hier. Eine Kindergartenszene zeigt die Entwicklung des Mitgefühls für andere. Fällt beispielsweise während der Kindergartenbrotzeit einem Kind seine Banane herunter, so kommt ihm ein anderes Kind zu Hilfe. Das Kind, das neben ihm sitzt, sieht was passiert ist und bietet einen Teil seiner eigenen Brotzeit an, um dem anderen zu helfen. Dies geschieht ohne Aufforderung durch Erwachsene, sondern aus dem eigenen Gefühl des Kindes.

Es ist ein schöner Tag. Draußen scheint die Sonne schon nach dem Frühstück, es zwitschern die Vögel und rufen mich herauszukommen. Ein wunderbarer Tag bei meinen Großeltern bricht an, ich bin etwa sechs Jahre alt und für mehrere Wochen hier zu Besuch. Sie haben ein riesiges Grundstück, leben auf dem Land, um das Haus ist ein riesiger Garten mit alten Obstbäumen, auf denen man wunderbar klettern kann, ein alter, geheimnisvoller, nicht mehr benutzter Hühnerstall, ein versperrter Geräteschuppen, zu dem mir der Zutritt verboten ist, ein alter Schweinestall und noch so manches unerforschtes Gebäude. Um das ganze Grundstück fließt ein Bächlein. Der schmale Fußweg von der Straße bis zum Eingang des alten Hauses ist von einer Allee alter Weiden gesäumt, die auch im Sommer kühlen Schatten spenden und das ganze Haus, zusammen mit den Büschen und Obstbäumen, in einem grünen Dickicht verschwinden lassen. Um das Bächlein herum schließen sich Felder und Wälder an, weit und breit keine menschliche Behausung mehr. Die Welt ist heute perfekt, ich trete vor das Haus und gleichzeitig in die Natur. Ich verbinde mich mit der Natur und höre, was sie heute zu mir spricht. Manches Mal drehe ich die großen Steine um und beobachte das Reich in der Erde, die großen und kleinen Würmer, mit und ohne Beinchen. Die Käfer, mit und ohne Panzer, Kellerasseln, Maden, Schnecken, die verschiedenen Spinnen, die darunter hervorlaufen oder versuchen, sich schnell wieder in der Erde zu vergraben.

Heute aber sind wieder die kleinen Tiere der Luft an der Reihe. Die armen Wesen stürzen reihenweise in die vielen Regentonnen, die rund um das Haus aufgestellt sind. Die kleinen Flieger, die mit dem Ruf nach der Freiheit durch die Lüfte fliegen und ihre Arbeit tun, liefern alle ihren kleinen Beitrag dazu, daß die Natur im Ganzen funktioniert. Sie zappeln mit ihren Füßchen im Wasser, die Flügel bewegen sich hin und her, unmöglich sich aus dem Wasser wieder in die Lüfte zu erheben, manche ganz panisch, manche schon träge, erschöpft mit letzten Kräften. Leben retten ist heute meine Aufgabe. Mit kleinen Stöckchen hebe ich die kleinen Tierchen vorsichtig aus dem Wasser, zuerst die mit den großen Flügeln. Diese verkleben ansonsten schnell komplett, so daß man sie nicht mehr auseinanderbringt. Am schwierigsten sind Schmetterlingsflügel wieder instand zu setzen, es erfordert viel Vorsicht, sie beim Trocknen nicht noch mehr zu beschädigen. So lege ich die Schmetterlinge nacheinader in mein Hospital, einem Bereich von ausgelegten grünen Blättern und sehe ihnen beim Trocknen zu. Dem einen oder anderen kann man ein wenig helfen, indem man mit sehr dünnen Stöckchen die verklebten Flügel voneinander trennt. Andere zappeln so heftig, daß sie schon in Kürze wieder unterwegs sind. Die Flügelchen sind wundersame Gebilde: Manche hauchdünn und durchsichtig, schlank und lang, andere klein und dick und stabil, an den Rändern mit Härchen versehen. Die Beinchen nackt und zerbrechlich oder auch dick und robust, den ganzen Körper heftig bewegend. Stolz blicke ich auf die leeren Krankenbettchen, aus denen die gesundeten Patienten schon wieder entflogen sind. Die humpelnden und flugunfähigen Patienten bekommen einen Platz auf einem Blatt eines nahe gelegenen Busches. Ich wünsche ihnen, daß sie den Rest ihrer Tage *dort ein wenig zu essen finden und glücklich sind. Auch ein paar Gräber muß ich ausheben und die verstorbenen Kandidaten begraben.*

Gleichzeitig mit dem Mitgefühl reift das Bedürfnis zu spüren, daß man von anderen geliebt wird. Es geht dabei nicht um das, was andere für einen tun, sondern um deren Gefühl für einen selbst. Auch wenn jemand seine Gefühle nicht ausdrückt oder in Worte faßt, so ist es doch, besonders für Kinder, wahrnehmbar, wenn die Gefühle fließen. Ein Gefühl fließt dann, wenn die Person ganz bewußt in ihrem eigenen Körper dieses Gefühl wahrnimmt. Man spricht vom Fließen, weil das Chakra, in dem das Gefühl entsteht, dieses Gefühl nach außen transportiert. Damit kann es von anderen wahrgenommen werden. Hierbei nimmt das Chakra dieser anderen Person dieses Gefühl auf und transportiert es in ihren Körper hinein. Man fühlt es und weiß somit, daß man vom Gegenüber in diesem Fall geliebt wird.

Das wahre Wesen der Liebe, nämlich vorbehaltlos anzunehmen was ist und es gleichzeitig frei zu lassen, kann sich ausprägen.

Oft wird in unserer Gesellschaft diese Entwicklung von Anfang an behindert. Wird ein Kind von den Eltern geschimpft, so tritt dabei das Gefühl der Liebe in den Hintergrund. In diesem Moment ist weder für die Eltern noch für das Kind die Liebe spürbar. Danach liegt es an den Eltern, die Gefühle für das Kind in sich selbst wieder zuzulassen. Wenn das dann geschieht, ist die Liebe auch für das Kind wieder spürbar. Leider passiert es in unserer Kultur oft, daß die Eltern sich dem Gefühl der Liebe verschließen. Die Liebe ist zwar vorhanden, aber sie weigern sich das Gefühl zu spüren. Es entsteht eine Phase, in der das Kind das Gefühl nicht wahrnehmen kann und sich somit nicht geliebt fühlt. Egal was die Eltern in dieser Zeit tun, ob sie dem Kind Geschenke machen oder sonst irgendwie versuchen die Zuneigung darzustellen, das Kind fühlt sich nicht geliebt. Nur die Öffnung für das eigene Gefühl der Liebe kann diese Situation ändern. Häufig wird jedoch in unserer Gesellschaft das Spüren der eigenen Gefühle verdrängt. Die meisten Menschen fühlen sich deshalb ungeliebt, obwohl dies nicht der Wahrheit entspricht. Weil sie sich gegenüber ihren eigenen Gefühlen der Liebe verschließen, können diese auch nicht von anderen wahrgenommen und erwidert werden.

Bei guter Entwicklung des vierten Chakras und ohne Blockierungen in diesem haben Menschen Achtung und Respekt vor sich selbst und anderen. Das Bedürfnis, seine Liebe allen Menschen und Wesen zu geben, ist machtvoll spürbar. Sie haben große Integrationsfähigkeit und strahlen eine liebevolle Weichheit aus, die frei von geschlechtlicher

Anziehung ist. Diese Art von Ausstrahlung wirkt auf alle Menschen gleich magnetisch. Daraus kann sich durchaus auch ein sexueller Aspekt ergeben, der jedoch später hinzukommt und nicht der ursprünglichen Energie entspricht.

Bei Blockierungen im Herz-Chakra zeigen sich Menschen oft egoistisch und auf ihre Besonderheit bedacht. Sie sind hart sich selbst gegenüber und verschließen sich ihren eigenen Bedürfnissen sowie auch denen der anderen. Innerlich fühlen sie sich abgelehnt, stellen diese Ablehnung jedoch oft selbst in sich her. Da sie diesen Zusammenhang nicht wahrnehmen, gehen sie davon aus, daß der Schmerz der Ablehnung von einem Gegenüber verursacht wurde. In der Folge verschließen sie sich oft noch mehr und werden noch härter sich und anderen gegenüber.

So beschäftige ich mich wohl viele Stunden als Lebensretterin an einer Regentonne am Rande des Hauses in der Allee des Weges zum Eingang. Mein Rücken schmerzt irgendwann vom Bücken und ich stelle mich gerade hin, recke und strecke mich.

Plötzlich - ein Filmriß: Ich bin siebzehn Jahre alt und stehe am Anfang derselben Baumallee zum Haus hin. Ein schreckliches Bild zeigt sich vor mir: Es steht ein großer Sperrmüllcontainer direkt vor dem Haus. Arbeiter haben das Fenster des ersten Stockes weit aufgemacht. Alles, alles aus diesem Haus fliegt aus dem Fenster im ersten Stock mit lautem Krachen in den Container: Schränke, Bücher, viele Bücher, Lampen, Bilder. Alles, was man früher nicht einmal anfassen durfte. Entsetzt und außer mir renne ich durch die Möbel- und Müllhaufen ins Haus. Ich habe nur einen Gedanken: Retten, was zu retten ist.

Ein Freund und ich, wir waren mit einem gemieteten Lastwagen weit gefahren, die ganze Nacht, weil wir gehört hatten, mein Vater lasse das Haus räumen. Die Großeltern waren ins Altersheim gekommen und das Haus und alle Grundstücke sollten verkauft werden.

Retten, was zu retten ist. Bibeln, Kreuze, Bilder, die Dia-Sammlung, alte Uhren, Küchengeräte, alles, was meinen Großeltern so heilig und wichtig war. Kleinere Möbel, Lampen, Schränke, alles packen wir ein, bis der Lastwagen voll gestopft ist. Es wird schon dunkel, wir müssen uns beeilen, der Lastwagen muß zurückgebracht werden. Ich sehe die Arbeiter das Haus verlassen, sie müssen wohl am nächsten Tag wei-

termachen. Es paßt nicht alles in unseren Wagen, ich kann es nicht fassen. Wie kann so etwas passieren, hier verschwindet ein gesamtes geistiges Erbe, ein ganzes Haus voller Bücher, Bilder, Mobiliar wird hier vernichtet, Generationen von Vergangenheit auf einen Schlag. Bis heute spüre ich die Tränen, die ich damals geweint habe, als mein ganzes Kinderparadies vernichtet wurde, und grolle den Verantwortlichen.

Maria Elisabeth: *Du hattest dort eine schöne Kindheit?*

Christine: *Ja, paradiesisch.*

Maria Elisabeth: *Siehst du jedoch, daß die Kindheit vorbei ist? Du hast heute ebenso das Paradies auf Erden, aber du mußt es in der Gegenwart sehen.*

Christine: *Das ist ein Gedanke, der mir gar nicht gefällt. Man hat mir das Kindheits-Paradies schon einmal weggenommen und zerstört, so doch heute nicht schon wieder.*

Maria Elisabeth: *Das Paradies war außerdem das Reich deiner Großeltern. Du hast heute ein eigenes Leben. Du solltest das Leben deiner Großeltern und dein damaliges Leben dort gehen lassen und dich der Gegenwart widmen.*

Ich spüre, daß Maria Elisabeth Recht hat, natürlich sollte ich die vergangene Zeit loslassen, der Groll wegen damaliger Ereignisse macht heute keinen Sinn mehr. Doch spüre ich da noch Widerwillen, Ablehnung gegen das, was geschehen ist. Das Herz ist verschlossen, die wirklichen Gefühle darin wie in einem Gefängnis eingesperrt. Ist es mir ein gewohntes Gefühl geworden, Verbitterung und Groll?

Maria Elisabeth: *Gib deinen Großeltern ihre Vergangenheit zurück, laß die Ablehnung aus deinem Herzen fließen, du brauchst das alles heute nicht mehr.*

Schütte Gold darüber und gib das alles in den Kosmos zurück. Fülle dich mit Gold auf und erlaube, daß geschehen darf, was geschehen ist. Und dann sage mir wie sich das anfühlt.

Christine: *Die Ablehnung war ein großer schwerer Klumpen auf meinem Herzen. Es ist ein wundersames leichtes Gefühl ohne böse Erinnerungen sich auf die Gegenwart zu konzentrieren. Etwas hilflos auch. Wenn ich doch bisher dachte, alles Schöne liegt in vergangenen Ereignissen und Erinnerungen...*

Nachdem bis auf das vierte alle Chakren gereinigt sind, befinden sich dort nur noch die Dinge, mit denen wir verhindern, in die Liebe zu kommen. Diese Dinge zeigen sich in Gegenständen als Symbole. Die Seminarteilnehmer müssen jetzt zum ersten Mal eigenständig nach der Bedeutung der Symbole in sich fragen und erklären, was sie aus dem Gesehenen für sich lernen. Sie müssen sich bewußt machen, daß sie mit dem, was sie dort sehen, sich den Zugang zu ihrem Herzgefühl selbst versperren. Gelöst werden die dort vorhandenen Blockaden, indem die Vorgänge erkannt und berichtigt werden. Die Symbole können anschließend wie alte Rückstände endgültig entfernt werden. Dazu werden sie bildhaft mit Gold überschüttet und an den Kosmos zurückgegeben. Dies bedeutet eine Neutralisierung gegenüber den bearbeiteten Themen auf der Gefühlsebene. Eine endgültige Distanzierung und Neueinstellung ist dadurch möglich.

Viele Teilnehmer befürchten an diesem Punkt bereits das Ende des Seminars und suchen immer neue Themen, die sie betrachten wollen, um so das Seminar und die gemeinsame Arbeit noch etwas zu verlängern und den schmerzlichen Abschied von der Gruppe noch hinauszuzögern. Nach einiger Zeit der Seminartätigkeit erkannten wir dieses Handeln und nennen es seitdem auf liebevolle Weise mit einem Schmunzeln das Freitagssyndrom.

Wenn alle Teilnehmer in einem freien Herz-Chakra angekommen sind, empfinden sie Liebe im Herzen. Damit ist das Seminar I beendet und viele der Teilnehmer können es kaum erwarten sich im Seminar II wieder zu begegnen und diese Art der Arbeit fortzuführen. Dementsprechend herzlich gestaltet sich auch der Abschied.

Im Seminar II geschieht die Arbeit an der Aura. Die Aura umgibt uns wie eine unsichtbare eiförmige Energie-Wolke. Wir nehmen unbewußt wahr, was andere in ihrer Aura abstrahlen und senden umgekehrt unsere Emotionen unausgesprochen in ihr nach außen. Auch hier ist es nötig eine Reinigung vorzunehmen, um uns klar zu werden, was wir aussenden und was wir von anderen auf diesem Weg empfangen. Alles, was wir über die Aura aussenden, ziehen wir auch an. So gesehen ist sie ausschlaggebend für das, was uns begegnet.

Vom Erkennen zum Tun

Es ist nicht genug, zu wissen, man muß auch anwenden; es ist nicht genug, zu wollen, man muß auch tun. J.W. von Goethe

Ein guter Freund kam mit einem sehr störenden Problem zu Maria Elisabeth. Er bat um Hilfe und sagte: „Schau doch mal, was ich da am Zeigefinger habe. Es sticht und stört". Bei genauerem Hinsehen zeigte sich eine kleine Dornwarze an seiner Fingerkuppe. „Schau doch, warum ich das habe", bat er. Sie sah hellsichtig nach und schilderte ihm die genaue Begebenheit, die zu dieser Dornwarze geführt hatte. Er war ganz verblüfft. „Ja, genauso war das", sagte er und ging. Am nächsten Tag kam er mit einem eingebundenen Zeigefinger wieder. „Was hast du denn mit deinem Finger gemacht?" fragte Maria Elisabeth. „Ich hab mir die Dornwarze vom Arzt rausschneiden lassen." Jetzt war Maria Elisabeth verblüfft: „Wozu haben ich denn dann gestern nachsehen sollen? Ich dachte, du willst dieses Thema bei dir auflösen." Seine verblüffende Antwort war: „Ja, glaubst du denn, ich will mich mit diesem Unsinn noch einmal auseinander setzen. Das kommt gar nicht in Frage. Ich hab sie einfach rausschneiden lassen."

Das Erkennen und Lösen von Blockaden ist ein wichtiger und grundlegender Schritt. Dennoch beginnt hier erst der Weg. Befreit von unnötigem Ballast haben wir nun die Möglichkeit, uns und unser Leben so zu gestalten, daß es unserem Wesen und unserer Berufung entspricht. Erst im Tun können wir verwirklichen, was wir für uns erkannt haben und wofür wir unsere Blockierungen abgelegt haben. Durch diese Erkenntnis können wir erst wirklich die Herausforderung annehmen, unsere Einsichten zum Besten für uns und andere umzusetzen. Das ist manchmal mit Widerständen behaftet, weil es sich noch so ungewohnt anfühlt. Gelegentlich stammen diese Widerstände aus den alten Mustern, die wir gerade erst abgelegt haben. Die Hemmung, etwas für sich und die eigene Entwicklung zu tun, resultiert oft aus mangelnder Eigenliebe. Weil wir uns selbst nicht lieben, sind wir auch nicht bereit, uns selbst konsequent bei unserer Entwicklung zu unterstützen. Nur konsequentes Tun kann auch wirkliche Veränderungen bewirken, die wir uns manchmal so dringend wünschen. Viele Menschen ersehnen sich beispielsweise von ganzem Herzen schlanker zu werden oder wenigstens ein bißchen abzunehmen. Zu diesem Zweck beginnen sie eine viel versprechende Diät mit dem festen Vorsatz den Diätplan einzuhalten. Schon nach kurzer Zeit allerdings stellen sich große Widerstände in ihnen ein und alles wirkt verlockender und einfacher als ausgerechnet diesen Diätplan einzuhalten. Sie beginnen Ausflüchte und Gründe zu suchen, warum sie jetzt „Ausnahmen“ machen oder ganz damit aufhören. Die Last der Veränderung erscheint ihnen unerträglich groß. Außerdem wirke die Diät ja doch nicht oder zu wenig, um sie weiterzuführen. Tatsächlich lieben sie sich nicht genug, um die Last der Veränderung auf sich zu nehmen und die Diät so lange durchzuhalten, bis die erwünschten Erfolge eintreten. Müßten wir die gleiche Last der Veränderung für jemand anderen tragen, beispielsweise für einen Menschen, in den wir gerade sehr verliebt sind, so wäre uns das sehr leicht möglich und wir würden dies überschwänglich gerne tun. Für uns selbst jedoch betrachten wir die Anstrengung einfach als zu groß. Es ist ein ganz wichtiger Entwicklungsschritt zu lernen, auch etwas für uns selbst zu tun.

Je mehr wir uns selbst lieben, umso mehr sind wir auch bereit etwas für uns zu tun, damit es uns besser geht.

Die Herausforderung, unsere eigenen Wünsche zu erfüllen, hat aber auch noch eine umfassendere Dimension. Der Mensch steht mit seiner Position zwischen der Welt des nicht Materialisierten und der Welt der Dinge. Als biologischer Organismus ist er natürlich allen Gesetzen der materiellen Welt unterworfen. Er hat aber auch Zugang zu anderen Ebenen. Hier kann er sehen, wahrnehmen und Ideen oder Aufgaben empfangen. Diese dann in die materielle Welt zu tragen, umzusetzen oder weiterzugeben ist ganz allgemein die Aufgabe des Einzelnen. Natürlich ergeben sich dabei immer wieder auch Hindernisse und Hürden. Diese sind Teil des Umsetzungsprozesses, nicht mehr und nicht weniger. Betrachtet man sie auf diese Weise, dann verlieren sie ihr Gewicht und sind viel leichter zu überwinden.

Mit dem Tun müssen wir uns noch genauer beschäftigen. Denn mit dem Tun entscheiden wir, ob wir eine Einsicht oder Lösung wirklich annehmen und mit allen Konsequenzen auch umsetzen wollen. Oft sind unsere Ansprüche dabei unrealistisch hoch gesteckt. So hoch, daß wir nach ein paar Versuchen enttäuscht aufgeben wollen, weil es uns nicht gelingt alles so zu tun, wie wir es uns ausgemalt haben.

Auch das Tun hat seine eigenen Regeln. Wenn es in der Welt der Dinge geschieht, kann es nur in kleinen Schritten passieren. Diese kleinen Schritte zu erkennen und für uns in eine sinnvolle Reihe zu gliedern die bewältigt werden kann, ist dabei die wesentliche Herausforderung. Auch die längste Reise beginnt mit dem ersten Schritt, sagte Laotse schon vor mehr als 2000 Jahren.

Das Tun hat den großen Vorteil, daß es sich selbst bestätigt. Wer etwas beginnt, hat bald die ersten positiven Erlebnisse. Durch das Tun wächst die Kompetenz und die Zuversicht. Manchmal ist die Hemmung zu beginnen allerdings sehr groß.

Dann hilft es, sich den Weg zu ebnen, indem man, wie im Seminar gelernt, hellsichtig für sich selbst wahrnimmt, was einen am Tun hindert. Anschließend kann das Hindernis aufgelöst werden. Dies muß man allerdings auch tun. Nur dann ist die Hemmung tatsächlich aufgelöst und unserem Tun steht nichts mehr im Wege.

Der Schleier der Selbstbegrenzung

Wie ein Schleier liegt oft über unseren Gefühlen ein Anspruch, der uns meist ganz unbewußt bleibt. Irgendetwas in unserem Leben ist (noch) nicht gut genug, wir sind noch nicht gut genug oder haben irgendeine Schuld oder andere Last aus unserer Vergangenheit, die uns von unserem Glück abhält. So fühlen wir uns immer wie in einer Art Vorbereitungsphase oder Warteschleife, bevor das Leben richtig beginnt. Dabei ist das Leben bereits in vollem Gange, ob wir das nun wahrhaben wollen oder nicht. Es gibt daran nichts zu ändern. Wir können es nur akzeptieren und uns in den Fluß des Lebens begeben. Manchmal, wenn wir diese negativen Gedanken oder Überzeugungen in uns wahrnehmen, haben wir die Chance zu erkennen, daß sie nur Überzeugungen sind.

Diese haben wir aus unseren Erfahrungen, Erziehungsmustern und unseren eigenen Gedanken selbst geschaffen. Wie selbstverständlich nehmen wir sie durch unser ganzes Leben mit uns. Wir haben uns so sehr an sie gewöhnt, daß wir sie kaum jemals überprüfen oder hinterfragen. Tatsächlich aber leben wir aufgrund dieser Überzeugungen in einer Illusion.

Auch wenn wir uns kaum noch an den ursprünglichen Auslöser dieser Überzeugungen erinnern können, bestehen in uns diese Muster. Meist sind diese Auslöser nicht nur lange zurückliegend, sondern auch für unser heutiges Leben gar nicht mehr von Bedeutung. Viele Menschen, die in Not- oder Kriegszeiten aufgewachsen sind, haben beispielsweise dabei für sich gelernt, daß es wichtig ist Vorräte zu haben und alle Dinge, die noch verwendet werden könnten, aufzuheben. Damals war das eine wichtige Überlebensstrategie. Jahrzehnte später finden sie sich dann in einer Überflußgesellschaft wieder und horten dennoch all die Dinge, die noch zu verwenden sind. Die Schränke platzen aus allen Nähten und es fällt ihnen äußerst schwer, sich von alten oder sogar kaputten Dingen zu trennen. Manchmal geben sie sogar mehr Geld aus für die Aufbewahrung dieser Dinge als deren Neukauf kosten würde. Sie haben nie eine Überprüfung ihrer Überzeugung vorgenommen und halten ihre damals entstandene Überzeugung noch immer aufrecht und für wahr. Mit dieser Überzeugung drücken sie ihr mangelndes Ur-Vertrauen aus, das während des Krieges verloren ging, und versuchen in der Außenwelt dagegen anzukämpfen. Egal wie viel sie ansammeln und wie groß ihre Vorräte auch sein werden, es ändert sich nichts an diesem Muster des Sammelns und Hortens.

Wenn es uns gelingt, diese Überzeugungen nur einen Moment loszulassen und so zu tun, als wären sie einfach nur Überzeugungen von jemand anderem, dann können wir die Tiefe des Augenblickes und damit unser eigenes tieferes Selbst spüren. Es ist ein Glaube, daß diese einschränkenden Überzeugungen wahr sind, mehr nicht!

Wir glauben daran und dadurch haben sie diese tiefe Wirkung in unserem Leben. Wir allein sind es, die ihnen ihr ganzes Gewicht geben. Auch die Menschen in unserer Umgebung haben diese Überzeugungen. Jeder kennt das Gefühl (noch) nicht gut genug zu sein. Eltern geben es ganz selbstverständlich an ihre Kinder weiter, Lehrer an ihre Schüler und Vorgesetzte an ihre Mitarbeiter. Kaum einer bemerkt, was dabei geschieht, und daß jeder selbst davon betroffen ist. Es ist eine Illusion, daß wir jemals all den Regeln und Ansprüchen entsprechen könnten, die wir an uns oder unsere Umgebung stellen. Auch glauben wir fest daran, daß sich unser Gefühl ändert, wenn wir nur dies oder jenes noch tun oder erreichen. Tatsächlich ist der Vorrat an Ansprüchen, Zielen und Regeln aber unerschöpflich. Immer, wenn wir eine große Anforderung gemeistert haben, stellt sich schon die nächste ein. Unsere westliche Gesellschaft baut auf dieses Gefühl der Unzulänglichkeit auf. Vieles wurde und wird damit erreicht, entdeckt und entwickelt. Nur glücklich kann man damit kaum je werden. Auf Dauer wird man auch mit sich selbst nicht zufriedener und es kann sich sogar Enttäuschung einstellen, weil trotz aller Anstrengungen kein Ende der Mühen in Sicht ist. Es ist also keine Lösung zu versuchen „besser“ zu werden durch das „Abarbeiten“ aller Aufgaben und das Entsprechen aller Anforderungen.

Glücklich macht, wenn man nicht fragt, wie soll ich sein und was muß ich alles tun, um zu entsprechen, sondern erkennt, wie man IST, und fragt, was möchte ICH tun.

Wir selbst erlauben uns oft nicht den Augenblick in all seiner Schönheit und Fülle anzunehmen und zu genießen. Nur im Augenblick ist das Leben aber überhaupt zu spüren. Nur hier leben wir wirklich. Von Zeit zu Zeit hatte ich so ein Gefühl der tiefen Zufriedenheit und Einheit gespürt und immer dann habe ich gespürt, wie sich meine Mundwinkel leicht nach oben zu einem Lächeln bewegten. Seit ich mir zum ersten Mal dieser inneren Überzeugungen bewußt wurde, passiert das immer, wenn ich sie wahrnehme. Ich spüre dann einen Abstand zu ihnen wie zu Gedanken anderer Menschen und fühle mich innerlich sofort befreit. Sich selbst dieses Gefühl der inneren Befreiung regelmäßig zu erlauben und zu verschaffen, unterstützt uns auf dem Weg zum Glück. Wir müssen erst mit einzelnen Augenblicken üben und uns an die Leichtigkeit und Fülle und die grenzenlosen Möglichkeiten des Augenblickes gewöhnen. Dann können wir weitergehen und unsere innere Befreiung Stück für Stück erschaffen. Eigentlich müßten wir sie nur wahrnehmen, aber das ist eben ein sehr ungewohnter Schritt und er erscheint uns zu klein zu sein für seine ungeheure Wirkung.

Alte Muster

Wenn wir uns lange genug in bestimmten Situationen gleich oder ähnlich verhalten, dann bilden sich Muster aus. Diese Muster haben Vorteile, weil wir dann einfach ohne Überlegung und Abwägung reagieren können. Beispielsweise reagieren wir mit Zorn und Zurechtweisung, wenn andere in unserer Umgebung einen Fehler machen. Wir vergessen dabei zu überlegen, ob der Fehler sich aus der Situation des anderen vielleicht erklärt und ob Überlastung oder persönliche Schwierigkeiten dazu geführt haben könnten. Wir übersehen auch, ob es sich dabei vielleicht um ein ganz unbedeutendes Ereignis handelt. Wir bleiben einfach bei unserem Schema und regen uns auf. Gerade so, als wenn der andere diesen Fehler gemacht hätte, nur um genau uns zu ärgern. (Tatsächlich passiert gerade das fast nie.)

Der Nachteil dieser immer gleichen Verhaltensmuster ist, daß sich dadurch unsere Reaktionsmöglichkeiten einengen. Wir merken es nicht mehr, aber wir haben die Wahlfreiheit abgegeben. Eigentlich könnten wir uns innerlich vollkommen frei entscheiden, wie wir reagieren wollen. Wenn die Kassiererin im Supermarkt einen Fehler macht und wir kurz überlegen, ob dieser Fehler dazu da war, um uns zu ärgern, dann können wir auch erkennen, daß sie wahrscheinlich überlastet oder einfach nur erschöpft war und daß das mit uns gar nichts zu tun hat. Wir können dann einfach die Situation übergehen und auf unserem Weg fortfahren. Das erspart uns und der armen Kassiererin Aufregung und Nerven. Mit etwas Abstand betrachtet mag es sogar der schnellste Weg sein, denn weitere Streitigkeiten verzögern wahrscheinlich den ganzen Vorgang noch mehr.

Verhaltensmuster, die wir über viele Jahre beibehalten haben, sind manchmal hartnäckig. Wir suchen Halt in ihnen, weil wir sie so gut kennen und sie uns eine vermeintliche Sicherheit geben.

Alte Verhaltensmuster und Einstellungen können unsere Weiterentwicklung stark behindern. Viele dieser Muster sind in der Kindheit und Jugend im eigenen Elternhaus entstanden. Leider werden dort meist für den Rest des Lebens Muster, Verhaltensweisen und Ansichten beibehalten, die zur Entstehung der Gefühle und Blockaden beigetragen haben. Wollen wir uns von diesen lösen, so ist ein kleiner Abstand von der eigenen (Ursprungs-) Familie oft hilfreich. Besonders in Zeiten, in denen wir die Loslösung von alten Dingen aktiv angehen, ist es gut, den Kontakt mit Menschen, die uns eben diese Veränderungen zum Vorwurf machen könnten, kurzfristig zu vermeiden. Haben wir uns an unsere neue Sicht gewöhnt, können wir uns auch dort wieder hinbegeben, allerdings in einem bewußteren Zustand. Die Herausforderung bleibt jedoch bestehen und ist nicht unbeträchtlich. Ram Das, der bekannte amerikanische spirituelle Lehrer, soll zu diesem Thema einmal gesagt haben: Wenn du dich für so erleuchtet hältst, dann gehe hin und verbringe eine Woche mit deinen Eltern.

Ringen um Erkenntnis

Auf dem Weg zu wesentlichen Erkenntnissen über unser Leben und unser wirkliches Wesen treffen wir auf viele Überraschungen. Wir entdecken unerwartete Dinge in uns, erkennen unsere eigenen Fehleinschätzungen und müssen oft auch eine ganz besondere Konfrontation aushalten. Gemeint ist hierbei die Begegnung mit unserer eigenen Negativität. Wenn man nicht bereit ist, auch diesen Dingen ins Gesicht zu blicken und zu akzeptieren, daß sie zu einem gehören, ist man kaum jemals in der Lage etwas an seinem Leben zu verändern. Der Weg zum Licht führt oft durch die Dunkelheit.

Das Scheusal

Am darauffolgenden Tag ist das zweite Chakra erneut vollkommen mit Nebelschwaden gefüllt. Ich habe wieder keine Klarheit und will nicht bis zum nächsten Kurs bei Maria Elisabeth warten. Es muß sich doch herausfinden lassen, wo dieses Kuddelmuddel herkommt. Ich frage im ersten und zweiten Chakra nach. Wo ist das alles her?

Meine Seelen-Stimme will oder kann nicht antworten. Es ist als ob sie sich wegen irgendetwas schämt. Ich überlege: Komme ich mir ungenügend oder schmutzig vor? Ich frage weiter.

Es ist plötzlich, als ob ich durch eine belebte Stadt laufe und die Passanten frage, wo denn das Dickicht und das ungute Gefühl in meinem zweiten Chakra herkommt. Die Leute sehen sich verschämt um und machen, daß sie wegkommen. Es gibt also ein Geheimnis, das mir niemand preisgeben will. Ich frage weiter, halte einen der Passanten am Ärmel fest. Ich sage ihm: „Bitte, du weißt etwas, ich sehe es genau, sage es mir, es ist wichtig für mich. Ich muß es wissen."

„Das will doch aber niemand wissen", flüstert der Passant, und sieht sich um, ob ihm jemand zuhört, „das ist sehr unangenehm." - „Doch, ich will es wissen, bitte sage es mir, zeige mir, wo das alles herkommt." Er sieht sich wieder um, ob ihn auch niemand beobachtet. „Na gut", sagt er, „wenn du es unbedingt wissen willst. Ich zeige es dir, und dann vergißt du, wer dir den Weg gezeigt hast, sage es niemandem."

Ich verspreche es. Wir biegen in eine kleine Seitenstraße, dann in eine enge Gasse. Es riecht wie im Schlachthof nach frisch geschlach-

teten Tieren. Wir steigen über Schmutz und Müll in der engen Gasse, über stinkende, rutschige Fischabfälle.

„Oh", denke ich, „es wird tatsächlich richtig unangenehm." Doch will ich auf keinen Fall umkehren. Ich muß es wissen. Eine kleine schiefe Holztüre, dreckig wie eine indische Toilettentür wird aufgeschoben, eine enge Treppe führt hinab. „So" denke ich, „hier wird also verborgen, was in der schönen Stadt niemand sehen will." Wir tappen im Halbdunkel hinunter, nur noch spärliche Beleuchtung einiger Fackeln an den Wänden. Der Gestank wird immer stärker. Ich erinnere mich an mein erstes Krankenpflegepraktikum zu Schulzeiten, als mich sadistisch veranlagte Krankenschwestern im Klinikbad einen Obdachlosen baden ließen. Die Feuchtigkeit und der Gestank des abgewaschenen Drecks wurde so intensiv, daß es mich beim Atmen erst würgte und ich dann in Ohnmacht fiel. Am Ende der engen Treppe biegen wir links ab, und in einer kleinen, vergitterten Zelle eröffnet sich tatsächlich ein Anblick des puren Grauens. In meinem Entsetzen höre ich noch meinen Führer sagen, den Rückweg würde ich ja finden, es ginge immer die Treppe hinauf, ich solle aber niemandem sagen, wer mir den Weg gezeigt habe, man dürfe dies nicht wissen.

Da bin ich alleine mit ihr, einem unbeschreiblich scheußlichen weiblichen Wesen. Einem etwa menschengroßen Wesen, die Haut wie ein frisch gerupftes Huhn, auf dem Rücken liegend auf einer Holzpritsche. Aus den unzähligen Pickeln und Geschwüren auf ihrer Haut platzt unaufhörlich Eiter, und die nicht heilenden aufgekratzten Krusten brechen auf und bluten. Sie blutet immerwährend vor sich hin, es wachsen kleine Lebewesen in ihr, und noch bevor sie lebensfähig sind, werden sie abgestoßen und fallen aus ihr heraus. Viele der kleinen Totgeburten liegen in verschiedenen Größen unter der Holzpritsche, in verschiedenen Stadien vor sich hin verwesend. Sie ist nicht fähig aufzustehen, zu schwach, da sie ständig Blut verliert, sie kratzt sich nur einmal links, einmal rechts, dreht sich herum und verliert wieder ein kleines sterbendes Wesen. Niemand kümmert sich um sie, so klebt das heruntergelaufene Blut und der Eiter überall, in den Haaren, in den Wunden, auf der Pritsche, am Boden läuft es in eine Rinne vor der Zelle. Niemand räumt die faulenden, stinkenden Reste weg, denn niemand will diesen Anblick ertragen. Dieses Wesen ist das totale Tabu, das Grauen in Person.

Schockiert komme ich aus dieser Meditation zurück. „Habe ich ein solches Monster in mir? Ist das die personifizierte Angst vor Verwesung, Tod und Versagen?

Mitleid mit dem Scheusal

Das Scheusal geht mir nicht aus dem Kopf. Bei den Gedanken daran erfaßt mich immer wieder das pure Grausen, der Gestank würgt mich. Ich wollte es sehen und es hat sich mir offenbart, was aber ist die Botschaft? Wie soll ich damit umgehen? Es mit Gold überschütten und in den Kosmos schicken? Das erscheint mir zu einfach. Ich beschließe, die scheußliche Frau in der nächsten Runde wieder aufzusuchen und weiter zu fragen. Allein gehe ich diesmal die enge Treppe herunter und betrachte sie durch das Gitter. Die Zelle ist nicht einmal versperrt, da sie sowieso nicht alleine von der Liege käme. Sie ist in einem Kreislauf von Bluten, Totgeburten, Schwäche und Krankheit gefangen, hat keine Chance sich zu erholen und Kräfte zu schöpfen. Und sie ist so scheußlich, widerwärtig und abartig, daß sich niemand hier unten darum kümmern will. Beim Betrachten des Siechtums tut sie mir leid wie sie so daliegt.

Was kann ich tun, denke ich mir, sie hat nun wohl irgendwie etwas mit mir zu tun.

Maria Elisabeth fragt: Welcher Teil von dir ist sie?

Ich frage das Scheusal. Sie antwortet: Das, was du im Leben niemals sein möchtest, das Häßliche in dir, das Unperfekte, das Hilflose, die Ohnmacht, das Ungeliebte, die Ausgegrenztsein, die Negativität.

Maria Elisabeth fragt weiter: Was möchtest du jetzt mit ihr tun?

Ich habe eine Idee. Im dritten Chakra habe ich die wunderbare Naturlandschaft, den dichten Wald und den See; meine Kraftquelle, an der ich mich gerne erhole. Dort müßte ich sie hinbringen. In der freien Natur verzieht sich der Gestank eher, niemand sieht sie, so daß sie sich nicht schämen muß, und dort kann sie sich ausruhen. Ich versehe den See mit einem zulaufenden und einem ablaufenden Bächlein, dort will ich sie hinbringen und hineinsetzen.

Also wickle ich die Gute erst einmal in eine dicke Decke und stütze sie die Treppe hinauf, hinaus auf die Straße. Die Leute drehen sich um, denn wir ziehen wohl in einer gewaltigen stinkenden Wolke voran.

Schnell in den Wald, an den See, wo niemand mehr zu finden ist. Mit viel Mühe schleppe ich sie zu dem Bächlein, setze sie hinein. Das Blut und der ganze Schmutz ziehen langsam im Wasser entlang Richtung Meer, in dem das Bächlein irgendwann münden wird. Das Bächlein liegt versteckt im Wald, hier kann sie sich ausruhen und wird erst einmal gereinigt.

Einige Zeit lasse ich das scheußliche Weiblein in meinem Bächlein sitzen. Sie fühlt sich wohl, ist sauber und grinst vor sich hin. Alles fließt im Wasser davon. Es geht ihr gut.

Es war gewaltig zu sehen, daß es in mir ein solches Scheusal gibt und welche ungeheuere Kraft und Auswirkung es hatte. Es war gewaltig zu sehen, daß dieses Wesen sich im eigenen Körper befinden kann. Ich habe große Hochachtung vor dem Leid, das die scheußliche Frau durchstand, geradezu wie ein Christus, der alle Schuld der Welt auf sich lud. Aber ich bin sehr froh, daß sie eine solche Veränderung erfahren hat.

Maria Elisabeth erklärt: Das Blut, der Eiter, der Schmutz waren alte, immer wiederkehrende Verletzungen, die aufgrund der Verleugnung niemals heilen konnten und sich immer aufs Neue wieder infizierten. Mit dem Hintragen an das Bächlein gibst du deine Verletzungen der Öffentlichkeit preis. Mit der Reinigung durch das Wasser versiehst du deine Verletzungen mit Gefühlen. Jetzt können sie abheilen, und du kannst annehmen, daß es dieses Negative in dir gab.

Durch das Akzeptieren deiner Schwächen hast du das vermeintlich Negative in dein Herz aufgenommen und in Stärke umgewandelt.

Der Mensch, der zu seinen Schwächen stehen kann, hat wesentlich mehr Stärke als derjenige, der sie versteckt und verleugnet. Früher oder später werden sie von seinem Umfeld trotzdem erkannt. Der starke Mensch bekommt von seinem Umfeld Achtung und Respekt, gerade wegen seiner gezeigten Schwächen, während der andere oft Verachtung erntet.

Leben in Selbstverantwortung

Das Ziel aller menschlichen Entwicklung sollte es sein zu erkennen, daß wir selbst für unser Leben verantwortlich sind. Und wir es selbst sind, die danach handeln müssen. Niemand sonst bestimmt in unserem Universum. In jedem Augenblick entscheiden wir selbst über unsere Gefühle und unsere Haltung. Unsere Haltung dem Augenblick gegenüber bestimmt dabei, ob wir uns selbst unterstützen und die Welt um uns herum als hilfreich empfinden (was sie dann auch ist) oder ob wir uns selbst in Leiden stürzen. Öffnen wir uns dem Augenblick, so können wir erkennen, daß er eine unendliche Macht hat. Hier und nur hier bestimmen wir über unser Leben, unsere Gefühle und unser Glück.

Verschiedene östliche Philosophien weisen uns auf unsere eigene Verantwortung unserem Leben gegenüber hin. Auch im Westen gab es ähnliche Einsichten, von denen eine der bekanntesten wahrscheinlich die Theosophie ist. Ihr verdanken wir im Wesentlichen, daß heute Begriffe wie Karma und Wiedergeburt, Esoterik und die Auseinandersetzung mit dem Tod als Übergang populäre und vielen Menschen bekannte Themen sind. Einer ihrer Grundgedanken, nämlich die universelle Verbundenheit allen Lebens und Seins, ist heute ein Gedanke, der durch die moderne Quantenphysik und Neuro-Forschung bestätigt wird. Die Theosophen betonen aber auch unsere große Verpflichtung und Verantwortung für unsere eigene und individuelle spirituelle Weiterentwicklung. Vor mehr als hundert Jahren erkannten sie, daß diese Weiterentwicklung einer Verankerung im täglichen Leben bedarf, um wirksam zu werden. Auch wenn wir nur kleine Schritte machen, die uns vielleicht manchmal als zu klein erscheinen, so ist das doch besser als stehen zu bleiben. Denn auch kleine Schritte, die sich in unserem täglichen Leben wieder und wieder bestätigen, tragen uns dem großen Ziel immer näher. Es ist wichtig dabei, mit uns selbst liebevoll umzugehen, aber auch mit unserer Umgebung Geduld zu haben. Wir können darauf vertrauen, dass, wenn wir an uns arbeiten und uns entwickeln, dies auch auf unsere Umgebung eine Wirkung hat. Zunächst mag das kaum wahrzunehmen sein. Denn unser Bewußtsein muß sich erst an die Wahrnehmung dieser Dinge gewöhnen.

Bedeutungsvoll ist, wie wir unseren Tag beginnen. Morgens nach dem

Aufwachen sollten wir unsere Aufmerksamkeit in Ruhe zuerst auf uns selbst lenken, dann, wie wir uns fühlen und was wir von diesem Tag möchten. Das gibt uns wichtige Hinweise, wie wir den Tag für uns am sinnvollsten gestalten könnten. Außerdem geben wir uns dadurch eine besondere Wertschätzung. Wir zeigen damit, daß wir es uns Wert sind, den Tag mit einer Tätigkeit für uns zu beginnen. Danach verläuft der Tag meist besser und wir können ruhiger und gelassener bleiben. Etwas Wichtiges haben wir damit bereits für uns getan. Denn wir helfen uns dadurch nicht nur selbst, sondern auch den Menschen in unserer Umgebung, für die wir dann mehr Verständnis und Geduld aufbringen können. Es lohnt sich also ganz besonders, ein tägliches Ritual mit sich selbst einzurichten. Auch wenn es am Anfang so wirkt, als könnten wir es kaum dauerhaft beibehalten, so hilft uns doch jeder Tag, an dem wir uns so unterstützen. Schließlich entstehen auch gute Gewohnheiten durch Wiederholung.

Geschichten und verschlungene Wege

Oftmals hat die Seele eine ganz unerwartet bildhafte Sprache und sie gibt Botschaften sehr konkret und zielgenau wieder. Dabei ereigneten sich in unseren Seminaren überraschende und lustige Dinge, von denen hier jetzt erzählt werden soll.

Anne macht während der Meditation im ersten Chakra plötzlich einen sehr angestrengten Eindruck. Das Gesicht verdüstert sich, sie atmet schwer. Als Anne an der Reihe ist, beschreibt sie ihr Problem: Ich sehe Jesus, ... ja, ganz deutlich, es ist Jesus.

Was macht Jesus? fragt Maria Elisabeth.

Er geht einen Berg hinauf, ganz allein, ... mit seinem schweren Kreuz. Er schleppt ganz fürchterlich schwer, so alleine, das schwere Kreuz ... er muß den ganzen Berg hinauf damit. Er stöhnt und schleppt, er ist ärgerlich, geradezu wütend, und blickt sich immer wieder mit düsterer Miene nach hinten um.

Ist denn noch jemand bei ihm? so Maria Elisabeth.

Nein, er ist ganz alleine, ganz sicher, ganz alleine.

Wonach blickt er sich denn so grimmig nach hinten um ... ist denn da gar niemand mehr? fragt Maria Elisabeth noch einmal nachdrücklich.

NEEIIIN, sicher nicht ... oder doch? Oh ja, ... da ist noch jemand, so entdeckt Anne erstaunt, ... da, ... da bin ja ICH hinter Jesus!

Und was tust du da hinter Jesus? will Maria Elisabeth wissen.

Ich möchte ihm helfen! Ich will ihm helfen das Kreuz zu tragen!

Aber was machst du mit dem Kreuz? will Maria Elisabeth weiter wissen. Ich ziehe so fest es geht am hinteren Ende des Kreuzes, antwortet Anne entrüstet, - doch Jesus will es nicht loslassen. Er will nicht, dass ich ihm das Kreuz abnehme!

Aha, verstehe ich das richtig, vergewissert sich Maria Elisabeth, du ziehst also das Kreuz nach hinten den Berg hinunter, jedoch Jesus möchte gerne mit seinem Kreuz den Berg hinauf?

Ja, kommentiert Anne verwirrt und schüttelt ihren Kopf.

Das heißt, du möchtest ihm eine Last abnehmen, die er nicht abgenommen haben will, und erschwerst ihm mit deinen Bemühungen auch noch die Arbeit?

Ja, gibt Anne zu ist das etwa mein Helfersyndrom?...

Die Runde lacht herzhaft, auch Anne lacht erleichtert mit.

Annes Seele hat ihr ganz überraschend einen Einblick in ihr Problem gegeben und gleichzeitig gezeigt, daß ihr Helfersyndrom nicht in die richtige Richtung arbeitet. Seither geht das Bonmot herum: „Möchtest du Jesus etwa sein Kreuz abnehmen?“

Edith ringt mit sich und ihrer Ehe. Sie sagt, es sei einfach irgendwie den Berg hinabgegangen die letzten Jahre. Ihr Mann sei anfangs so interessant und attraktiv gewesen, alle Frauen hätten sich nach ihm umgedreht. So ein stattlicher Mann, eine gute Stellung, sie hätten es zu Status und Besitz gebracht. Sie ist eine angesehene Frau. Alles schien perfekt - doch dann wurde er irgendwie immer blasser, farbloser, immer uninteressanter. Heute weiß sie kaum mehr etwas mit ihm anzufangen.

Im dritten Chakra entdeckt Edith zuerst nur eine Hand.

Maria Elisabeth fragt: Edith, zu wem gehört diese Hand?

Zu mir, es ist meine Hand..., so Edith. Plötzlich macht sie ein erschrecktes, angewidertes Gesicht. Da ist etwas in meiner Hand, ich halte da etwas ...

Was hältst du in deiner Hand? so Maria Elisabeth.

Edith kann es kaum aussprechen, es ekelt und schüttelt sie.

Ein toter Hahn ... ganz schlaff ... fahle schlappe Haut ... widerlich ... leblos ... ganz nackt und ohne Federn... Ekelerregend ..., so würgt sie hervor.

Wer ist denn dieser tote Hahn?, will Maria Elisabeth weiter wissen.

Mein Mann, stellt Edith erstaunt und entsetzt fest.

So siehst du deinen Mann?, fragt Maria Elisabeth.

Ja, meint Edith resigniert.

So, nun sieh dich jetzt bitte einmal um - wenn da deine Hand ist, so musst DU ja auch irgendwo sein, so forscht Maria Elisabeth weiter.

Ja, ich bin da, stellt Edith fest. Aber ... wie sehe ich nur aus, ruft sie nun freudig überrascht.

Beschreibe bitte genau wie du aussiehst, will Maria Elisabeth wissen.

Also, ich bin eine prächtige Hühnerdame, ich habe wunderbare Federn, ein tolles, ganz dichtes Federkostüm, wunderschön!

Was hast du genau für Federn, beschreibe sie!, so Maria Elisabeth weiter.

Also, da sind die dichten, glänzenden Hühnerfedern einer ganz schicken gesunden Hühnerfrau - und ... was sehe ich da noch? ... aber auch die bunten, edlen Federn eines stolzen Hahns, wunderschöne, lange, schillernde Federn, die überall in meinem braunen Kostüm stecken. Prächtig!, stellt Edith stolz fest.

Kann es sein, so Maria Elisabeth, daß du dich mit fremden Federn schmückst und mit diesem Vorgehen deinen Mann splitterfasernackt gerupft hast?

Wie meinst du das ..., will Edith verwundert wissen, warum habe ich mich mit fremden Federn geschmückt?

Du bist heute eine angesehene Frau mit Status, Besitz und Macht, sagst du ... sind das nicht die Errungenschaften deines Mannes, mit denen du dein Selbstbewußtsein nach oben geschwungen hast? Willst du nicht noch immer und immer mehr von ihm? Und da er das nicht bringen kann, so blickst du aus deiner Höhe auf ihn hinunter und er kommt dir blaß und uninteressant vor.

„Ja, murmelt Edith leise, Ja, sagt meine Seele, das ist richtig ... was soll ich jetzt nur tun, wie komme ich damit klar?

Gib ihm seine Federn zurück - besinne dich darauf, was DU bist, wer DU bist, welche Entwicklungsschritte DU gemacht hast. Und lasse Status, Besitz und Macht die Ernte SEINES Lebens sein. So hat er seine Federn wieder und du kannst ihn dafür achten, rät Maria Elisabeth.

Sehr nachdenklich und in sich gekehrt geht Edith an diesem Tag nach Hause. Sie sortiert die Früchte vieler Jahre zweier Leben auseinander - von denen sie bisher annahm, alles sei IHRES gewesen. Das ist eine Menge Arbeit. Später hörten wir, alles hätte sich ab diesem Tag verändert und die Ehe hat neuen Schwung bekommen.

Michael hatte es am Freitagabend sehr weit nach Hause. Er würde die ganze Nacht durchfahren müssen, bis er in seinem Heimatort in der Schweiz ankommen würde. Noch dazu braute sich ein Gewitter zusammen, Schneesturm erschwerte die Sicht und ermüdete die Kon-

zentration. Die Augen wurden schwer, die Sicht verschwommen, Trugwahrnehmungen der Müdigkeit schlichen sich auf die Fahrbahn.

„Oh...," seufzte Michael, „bitte liebe Seele, laß mich in meinem Heimatort sicher und unversehrt ankommen!"

Plötzlich, so stellte er fest, war die Müdigkeit wie weggeblasen. Konzentriert und frisch verbrachte er die Fahrt, fuhr klar und sicher durch die Nacht bis in die Schweiz. Da war auch schon das Ortsschild, vertraute Heimat - endlich... „Was für ein Segen", dachte Michael erleichtert bei sich. An der ersten Ampel, die auf „Rot" zeigte, blieb er stehen.

Dann ... geschah das Unfaßbare. Er konnte sich nicht erinnern, wie es nach der Ampel weiterging. Er konnte sich nur daran erinnern, daß Menschen an sein Auto klopften und riefen. Völlig verwirrt wachte er von der Klopferei auf ... was war passiert? Wo war er? Was riefen diese Leute nur, was wollten sie von ihm? Er konnte nicht viel sehen, denn er saß in seinem vollkommen eingeschneiten Auto. Nachdem er sich aus seinem Auto durch die Schneemassen hindurch befreit hatte, stellte er fest, dass er wohl den Rest der Nacht auf der rechten Fahrbahnspur vor der ersten Ampel nach dem Ortsschild verbracht hatte und in einen tiefen Schlaf gefallen war. Erstaunt fanden Leute am frühen Morgen in einem eingeschneiten Auto auf der Fahrbahn hinter dem Steuer einen schlafenden Fahrer. War das möglich? Hatte Michael direkt hinter dem Ortsschild vor der ersten Ampel einfach angehalten und war auf der Stelle eingeschlafen? So und nicht anders muß es gewesen sein, denn Michael hatte schließlich - wie bei seiner Seele bestellt - sicher seinen Heimatort erreicht!

Die Seele nimmt Wünsche oft bildhaft und sehr wörtlich und erfüllt sie punktgenau. Deshalb ist es wichtig, Kommunikation mit der eigenen Seele sehr genau und überlegt zu führen und sich über die Konsequenzen der Botschaften und Wünsche VORHER Gedanken zu machen.

Rudolf konnte wirklich zufrieden mit sich und seiner Arbeit im Seminar sein. Seit Montag nun verstand er sich und die Botschaften seiner Seele immer besser und besser. Schon an seinem gepflegten Äußeren, dem durchtrainierten Körper und dem eleganten Auftreten wirkte er wie ein Mensch, dem die Arbeit an sich und für sich sehr wichtig ist und von dem die Dinge gewissenhaft und gründlich angegangen werden. Seine Stärke, so stellte sich heraus, war die Treffgenauigkeit der Botschaften seiner Seele in ganz klaren Metaphern und Symbolen. Diese drückten jeweils unmißverständlich aus, was für Rudolf die Ursache eines Problems ist und was gerade getan werden sollte.

An einem Morgen jedoch traf Rudolf höchst ärgerlich in der Seminargruppe ein. Er tauschte sich mit Teilnehmern aus und berichtete, daß er mit dem Seminar äußerst unzufrieden sei. Er habe ernsthaft mitgearbeitet und fühle sich nun wirklich in der Lage, jetzt seine Seele hören und verstehen zu können. Doch, so schockiere es ihn nun aufs äußerste, seine Seele würde nur unsinniges Zeug von sich geben und ihn an der Nase herumführen. Wenn dieser Unsinn das Ergebnis dieses Seminars sein sollte, so sei das mit Sicherheit sinnlos, lästig und irreführend.

Die Zuhörer wurden nun wirklich neugierig. Denn wenn Rudolf so etwas erzählte, so mußte etwas wirklich Schwerwiegendes dahinterstecken. Sie forderten ihn auf, konkret zu erzählen, was passiert sei.

„Heute Nacht“, so berichtete er verärgert, „bin ich stündlich mit Botschaften der Seele geweckt worden. Sie sagte, ich solle nackt über den Flur in der Pension, in der ich übernachte, laufen und die Toilette aufsuchen. Das erste Mal, als ich mit diesem Auftrag aufgeweckt wurde, dachte ich bei mir: So ein Unsinn, ich muss gar nicht zur Toilette. Und schlief wieder ein. Das wiederholte sich nun stündlich - was für ein Wahnsinn! Jede Stunde wachte ich auf mit dem Auftrag, nackt über den Flur der Pension zu laufen und die Toilette aufzusuchen! Als ich um vier Uhr morgens wieder pünktlich zur vollen Stunde aufwachte war ich so fertig mit den Nerven, daß ich aufstand. Ich zog meinen Pyjama aus und schlich vorsichtig nackt über den Flur zur Toilette. Genauso wie mir das aufgetragen war…

Dann ging ich wieder zu Bett und durfte in wunderbarer Weise den Rest der Nacht ungestört durchschlafen. Ist das nicht völlig unsinnig? Wenn das alles ist, was aus diesem Seminar herauskommt, so ist die Ausbeute nicht sehr ergiebig!“ Die Zuhörer hatten seiner Erzählung aufmerksam gelauscht und es war plastisch gut vorzustellen, wie Rudolf sich nachts ärgerlich und nackt über den Flur geschlichen hatte. Das Gelächter war groß. Rudolf wandte sich an Maria Elisabeth, um zu erfahren, was der Unsinn bedeuten sollte.

Was ist deine große Stärke, die du hier im Seminar erfahren hast, Rudolf? fragte Maria Elisabeth.

Rudolf stocherte widerwillig und grummelnd in einigen Vermutungen herum.

Maria Elisabeth half weiter: Kann es sein, daß du deine alten Hüllen ablegen und alte Muster loslassen und dich endlich unverhüllt zeigen solltest, einfach so wie du bist? Warst du immer noch nicht bereit die Sprache deiner Seele zu akzeptieren, so wie du sie hier kennen gelernt hast und die Symbolik zu hinterfragen? So hat deine Seele heute Nacht sehr weise mit dir gesprochen: Du hast die Entscheidung - du kannst weiter deine innere Weisheit verleugnen und dich selbst an der Nase herumführen wie es heute Nacht passiert ist - oder du erkennst die Weisheit deiner Seele an, läßt alte Dinge hinter dir und zeigst dein wahrhaftiges Selbst.

Es beeindruckt, in welcher tiefgründigen Weise und wie klar die Aussagen und Botschaften von Rudolfs Seele sich zeigten. Es war an ihm die Symbolik seines „Auftrags“ zu hinterfragen und zu entschlüsseln, so wie er es im Seminar gelernt hatte. So wäre er schnell dahinter gekommen, was das „Enthüllen“ und „Sich zeigen“ zu bedeuten hatte. Das aber gerade machte ihm ursprünglich Probleme - sich zu zeigen wie er ist und auf Äußerlichkeiten zu verzichten.

Franz arbeitete sich ernsthaft durch ein Chakra und berichtet stolz, seine Blockaden ganz leicht und gekonnt selbst aufgelöst zu haben. Doch so erzählte er: ich sehe da noch eine Figur, mit der ich nichts anfangen kann...

Maria Elisabeth fragt: Wie sieht diese Figur aus?

Also, sie ist recht dürr, genauer gesagt, ziemlich klapprig, so dünn, als wäre es vielleicht gar kein Mensch, sondern eher eine große geschnitzte Figur. Wenn ich noch genauer hinsehe, so hat die Figur eine ungemein lange Nase ... und erstaunt und ratlos stellt Franz fest: Die Nase, ... die Nase wird sogar immer länger und länger ...

Maria Elisabeth gibt vorsichtig einen Anstoß: Fragst du bitte, ob deine Figur vielleicht Pinocchio heißt?

Ja, ruft Franz erfreut, Ja, es ist Pinocchio!

Kann es sein, daß du dich in der letzten Szene gerade selbst belogen hast?

Die anderen Teilnehmer kichern und glucksen.

Franz bricht in lautes Gelächter aus, er hält seinen Bauch vor Lachen und Tränen laufen ihm übers Gesicht. Ja, ruft er, das war unmißverständlich, ich gebe es sofort zu!

So gab sich die Seele von Franz nicht einfach damit zufrieden, daß über seine Blockaden hinweggelogen wird - und brachte so Franz auf eine sehr humorvolle Weise dazu, mit sich selbst ehrlich umzugehen.

In einem Seminar kämpfte Elke mit einem sie sehr belastenden Problem - ihrem starken Übergewicht. Es war schier hoffnungslos, alle Anstrengungen, auch nur ein paar Kilos herunterzubringen, waren umsonst. Sie schloß einen Bund mit ihrer Seele: Sie würde ihrer Seele ihr Wunschgewicht mitteilen und die Seele dazu beauftragen, darauf hinzuarbeiten. Dafür würde sie jeden Tag ihre Seele befragen, was genau sie an diesem Tag essen solle - und würde ihrer Seele genau diese Wünsche erfüllen. Andere Teilnehmer mit demselben Problem machten bei diesem Projekt ganz begeistert mit. Für Elke war die Wunscherfüllung für ihre Seele ein wirklich schweres Problem, denn sie ist Handelsreisende und die meiste Zeit unterwegs fern der Heimat und des Herdes. So mußten es einmal Blaubeeren mit Nudeln sein oder ein anderes Mal Spinat mit Pudding.

Schon der Wunsch nach einfachen gekochten Kartoffeln bereitete ihr Kopfzerbrechen, als sie sich morgens ins Auto setzte und wußte, sie würde den ganzen Tag unterwegs sein. Nichts, keine Möglichkeit an gekochte Kartoffeln zu kommen. Hungrig verbrachte sie die Mittagszeit im Auto, auch nachmittags fand sich nichts, bis zum frühen Abend hielt sie mit knurrendem Magen durch. „Heute werde ich mein Versprechen meiner Seele gegenüber brechen müssen“ ... dachte sie frustriert bei sich. An der nächsten Kreuzung so wußte sie, mußte sie rechts abbiegen, dort ist das Hotel für die heutige Nacht. An der Kreuzung jedoch sah sie sich mit Erstaunen plötzlich wie von Zauberhand nicht rechts, sondern links abbiegen, um eine Kurve herum und das Auto blieb an der rechten Straßenseite stehen. Sie traute ihren Augen kaum. Sie stand auf dem Parkstreifen vor einem Restaurant mit dem Namen „Zur Kartoffel“!

„Zur Kartoffel“ war das köstlichste Kartoffel-Spezialitätenrestaurant, in

das Elke jemals eingekehrt war und in dem sie sich an diesem Abend herzhaft satt essen konnte.

Wie Franz auch, so lernte Elke, die Botschaften ihrer Seele ernst zu nehmen und mit Vertrauen ihren Weg zu gehen - denn der Weg der Seele führt immer zum Ziel.

Durchhalten

In unserem Geist steckt mehr Faulheit als in unsrem Körper.
La Rochefoucauld

Manchmal wirkt es so, als wäre der Weg des Wachstums und der Veränderung sehr anstrengend. Es gibt Phasen wie bei einer schweren Erkältung. Es fühlt sich ermüdend, enttäuschend oder einfach zum Heulen an. Wenn man bedenkt, daß alle Dinge ihre Zeit haben und brauchen, dann kann man sich mit dieser Erkenntnis trösten. Alles was ist geht vorüber. Auch wir wachsen und überwinden die schmerzhaften Phasen, dann wenn die Zeit für diese Entwicklung reif ist. Manchmal kommt es uns so vor, als würden wir die Entwicklung, die wir schon erreicht haben, wieder verlieren. Tatsächlich ist das jedoch nur eine Täuschung. Niemals wacht man am Vortag auf, immer nur am nächsten Tag. So verläuft auch unsere Entwicklung, immer nur vorwärts und niemals rückwärts.

Wenn wir diese kritischen Zeiten überwinden und weiter an unserem Wachstum arbeiten, dann können wir später erkennen, daß es nur schwierige Phasen waren und wir uns dennoch immer weiter nach vorne bewegt haben. Darauf können wir uns verlassen. Es hilft, wenn wir uns sagen: „Das geht vorüber“ und dabei vertrauensvoll und zuversichtlich auf unserem Weg weiter gehen.

Wir sind nicht alleine, unsere Seele begleitet uns immer.

Leser, die an den verschiedenen Angeboten
(Einzelsitzungen, Hellsehen, Jenseitskontakte,
schamanische Arbeiten und Seminare)
des T.S.I. e.V. Transmediales Seher Institutes e. V. interessiert sind
wenden sich bitte an:

TSi
TRANSMEDIALES SEHER INSTITUT

T.S.I. e.V.
Postfach 65 00 56
81214 München
Tel. 0700/53 67 34 87
Fax 089/81 89 52 51
www.jenseitskontakte.de

Titel aus unserem Verlagsprogramm

Marion Röbkes

Hexen, Götter, Kulte - Orte der Magie

Band 1 - Deutschland Süd

ISBN 978-3-89575-115-8 / 229 Seiten

Band 2 - Deutschland Nord

ISBN 978-3-89575-118-9 / 242 Seiten

Lassen Sie sich verzaubern von mystischen Orten, von magischen Stätten, finden Sie Ihre eigenen Kraftorte, tauchen Sie ein in eine Vergangenheit, die Sie faszinieren wird.

Ein esoterischer Reiseführer der Ihnen Plätze näher bringt, die Sie in wenigen Stunden erreichen können und die Sie für ein paar Stunden oder Tage in eine geheimnisvolle Mystik entführen.

Dick Hellwich

Erwecke die Pendelkraft in Dir

ISBN 978-3-89575-124-0

Der Autor führt behutsam Schritt-für-Schritt in die „Geheimnisse" des Pendelns ein. Einer umfassenden Einführung folgen über 90 Pendeltafeln die viele Bereiche des Lebens abdecken. *96 Seiten*

Werner Giessing

Erwecke die Kraft des Handlesens in Dir

ISBN 978-3-89575-148-6

Unsere Fähigkeiten und Eigenschaften stehen in den Händen geschrieben. Wenn Sie diese Erkennen haben Sie einen perfekten Leitfaden um sich dahin zu entwickeln, ein erfülltes und zufriedenes Leben zu führen.

Schwerpunktthemen sind: Liebe, Partnerschaft und Sexualität - Gesundheit und Wohlbefinden - Beruf und Lebensaufgabe. *220 Seiten*

Renate Gallert

In den Fängen des Guru

ISBN 978-3-89575-140-0

Die Reise nach Indien wird eine Reise in die tiefsten Schichten der menschlichen Seele und es beginnt eine Auflösung des Karmas vieler Jahrhunderte. Doch während die Schüler des Gurus versuchen ihr innerstes Wesen zu entdecken, erfahren sie ungewollt die verborgene Kraft der magischen Sexualität - ein geheimes Wissen, das ursprünglich nur für eingeweihte Brahmanen bestimmt war.

310 Seiten

Arthur M. Abell

Gespräche mit berühmten Komponisten

ISBN 978-3-89575-047-2

Richard Strauss, Brahms, Puccini, Humperdinck, Max Bruch, Edvard Grieg. Über die Entstehung ihrer unsterblichen Meisterwerke, Inspiration und Genius. *185 Seiten*

Gaye Muir

Brücke zwischen den Welten

ISBN 978-3-89575-123-3

Gaye Muir - das international anerkannte englische Medium - erstattet über viele Aspekte der Medialität Bericht. Dies reicht von essentiellen Gesprächen mit ihrem Geistführer bis hin zu fundierten Ratschlägen für die Entwicklung ihrer spirituellen Fähigkeiten. *255 Seiten*

Gaye Muir

Mein Weg in die andere Welt

ISBN 978-3-89575-139-4

Gaye Muir erzählt in diesem Buch mit einfachen Worten von ihrem Lebensweg, von den Erfahrungen, die sie mit verschiedensten Klienten gemacht hat und von den seltsamen Erlebnissen, die ihr im Laufe ihrer vielfältigen Reisen und bei ihrer Arbeit zugestossen sind. *300 Seiten*

Sylvia Barbanell

Wenn Deine Tiere sterben

ISBN 978-3-89575-070-0

Was wird aus meinem Hund, meiner Katze und den anderen Tieren, wenn diese eines Tages sterben? Kann so viel Liebe und Treue ein für alle mal ausgelöscht werden? Sylvia Barbanell beantwortet all die vielen Fragen, die aus Zweifel über eine Weiterexistenz der Tierseelen entstanden sind. Mit einer Vielzahl ergreifender Erlebnisberichte. *256 Seiten*

Marion Röbkes

Weisheit aus einer anderen Welt

ISBN 978-3-89575-113-4

Wie funktioniert „Oui-Ja“ - das geheimnisvolle Brettchenrücken? Welche Möglichkeiten bietet es? Mit welchen Wesen kann man Kontakt aufnehmen? Und was sollte man dabei beachten? Und ist es letztlich wirklich so bedrohlich oder bietet sich dadurch möglicherweise ein bisher ungenutztes Potential zur Lebensbewältigung und Problemlösung? Das vorliegende Buch widmet sich diesen und noch weiteren wichtigen Fragen. *92 Seiten*

Estelle Stead

Die blaue Insel

ISBN 978-3-89575-071-7

Ein faszinierender Bericht über das Weiterleben nach dem Tode. Estelle Stead erhielt auf medialem Wege aufrüttelnde Nachrichten ihres Vaters von seinem „Übergang“ und von der Zeit „danach“. Das Buch gibt Antwort auf die Frage, ob bzw. in welcher Form es ein Weiterleben nach dem Tode gibt. *102 Seiten*

Artha
Grüntenseestr. 30 c
D 87466 Oy-Mittelberg

Bücher zum Lesen, Denken und Verändern